武器としての決断思考

瀧本哲史

星海社

1

SEIKAISHA SHINSHO

JN284098

はじめに　「武器としての教養《リベラルアーツ》」を身につけろ

人間を自由にするための学問

みなさん、はじめまして。

この本の著者、瀧本哲史《たきもとてつふみ》と申します。

本書は、**私がいま、京都大学で二十歳《はたち》前後の学生に教えている「意思決定の授業」を一冊に凝縮《ぎょうしゅく》したものです。**

京大にかぎらず日本の大学では、大学1～2年を教養課程と位置づけ、人文科学から社会科学、自然科学、そして芸術にいたるまでの幅広い「一般教養（基礎的な素養）」を身につけられるよう、カリキュラムを組んでいます。

大学生のあいだでは「パンキョー」と呼ばれているこの教養課程、英語では「リベラルアーツ（Liberal Arts）」と言います。

なぜそう呼ぶか、みなさんは考えたことがありますか？

リベラルとは本来「自由」を意味する言葉で、アーツとは「技術」のこと。すなわちリベラルアーツとは、意訳すると「人間を自由にするための学問」なのです。

その起源は、古代ギリシャにまでさかのぼります。

当時の社会には奴隷《どれい》制度があり、奴隷と非奴隷を分けるものとして、学問の重要性がさけばれていました。かなり大ざっぱに言えば、学のない人間は奴隷として使われても仕方ない、ということです。

奴隷などというと、21世紀の日本で生活しているこの本の読者にはあまり関係のない話のように思えますが、決してそんなことはありません。

私は、いまだからこそ、リベラルアーツが必要だと強く感じています。

それも、**未来の日本を支えていく10代～20代の若い世代にこそ必要なのです。**

どうしてか？

そのことを説明するために、ここで京都大学医学部生の話をしたいと思います。

どうして京大医学部生の40パーセントが「起業論」を学ぶのか？

私は京都大学で、「意思決定論」だけでなく、「起業論」の授業も受け持っています。

教えているのは、成功したベンチャー企業のケーススタディを中心とした、実践的な起業の方法であり、その根底にあるべき考え方です。

その授業を受け持ってしばらく経ったときのこと。ふと履修者の情報を整理してみたところ、驚くべきことに気づきました。

なんと、学部別の割合で見ると、医学部の学生がもっとも私の授業を受けていたのです。

その率、40パーセント。

京大医学部といえば、東大医学部と双璧《そうへき》をなす最難関の学部として知られています。卒業後は、ほぼ100パーセントの人間が医者になります。

やりがいだけでなく、高い社会的地位も報酬《ほうしゅう》も得られ、まさに一生食いっぱぐれない安《あん》泰《たい》な人生を約束されたはずのエリート中のエリートたちが、なぜ私の起業論の授業を受けるのか？　不思議に思い、私は学生にヒアリングを試みました。

すると、こんな答えが返ってきたのです。

「この国では、医者になったって幸せにはなれない」

「もう昔のように、医者＝お金持ち、という時代でもない」

「やりがいだけではやっていけない。新しい方法を見つけないと」

彼らは自分の将来について、明確な不安を抱いていました。

現在の日本は、昔とちがって医者余りの状況にあります。

それに加え、研修医の労働環境は厳しく、医者になったとしても魔女狩りのような医療訴訟《そしょう》がある。激務のうえに責任が重く、大学病院にいるかぎり、給料は一般企業よりも低かったりする。そして、開業できたとしても市場競争にさらされ、心も身体もすり減らさないといけない……。

彼らはそういったリアルな状況をメディアや先輩たちを通して知り、「いまの時代、漠然と医者になってはダメだ」と気づいたのでしょう。

そこで、医療の勉強をキャリアに生かすための別の道があるのではないかと考えはじめ、「ビジネス」についても勉強しようと決断したのです。

たとえば、最先端の医療研究を企業と提携して事業化する方法や、親の病院を継いだ場合、他の病院と差別化をはかるためにはどうすればいいかなどを、私の授業から学び取ろうというわけです。

『学問のすすめ』は、いま、若い世代こそ読むべきだ

さて、私がここで何を言いたいかというと、**変化が激しい今の時代、これまでの価値観や方法、人生のレールというものは、意味をなさなくなってきているということです。**

京大医学部生の話は、その顕著《けんちょ》な一例にすぎません。

もうみなさんも実感されているように、右肩上がりの「幸福な時代」は過ぎ去りました。良い大学、良い会社に入れば人生は安泰、みたいなことはもうないのです。

さらに断言すれば、**これからの日本はもっともっと厳しい状況になっていきます。**

良い時代を経験して「逃げ切り」ができる世代であれば、昔はよかったとただ嘆《なげ》いていればいいのでしょうが、これから社会に出る世代、もしくはこれから社会のメインステージに立つ世代にとってみれば、問題は深刻です。

では、どうすればいいのか？

ここで、リベラルアーツの話に戻ります。

人間を自由にする学問がリベラルアーツだという話をしましたが、まさにいま、それが求められているのです。

医者の話が良い例ですが、国家試験に合格しただけでは、これからの時代は生き残れないし、幸せになることもできません。**むしろ奴隷として、上の世代が作ったシステムにからめとられる可能性が高い。**それも、自分が気づかないうちに。

だから、教養が必要なのです。

自由になるために。自分の力で幸せになるために。

といってもそれは、大学生がパンキョーと呼んでいるものとは違います。極論を言ってしまえば、大学の教養課程で教えている一般教養は、大学教授を食わせるためのものでしかなく、本来の意味での「リベラルアーツ」とはほど遠い。

もっと実践的で、実用的な知でなければならない。

ここで、かの福沢諭吉《ふくざわゆきち》が著《あらわ》した『学問のすすめ』から一節を引用してみましょう。まさに私が言いたいことを代弁してくれています。

「学問というのは、ただ難しい字を知って、わかりにくい昔の文章を読み、また和歌を楽しみ、詩を作る、といったような世の中での実用性のない学問を言っているのではない。

（中略）いま、こうした実用性のない学問はとりあえず後回しにして、**一生懸命にやるべきは、普通の生活に役に立つ実学である**」（引用『現代語訳 学問のすすめ』齋藤孝訳／ちくま新書）

『学問のすすめ』が刊行されたのは明治5年。新しい時代の幕開けに、明治人が持つべきメンタリティを説《と》いたこの本は、300万部を超す日本史上最大のベストセラーとなりましたが（当時の人口は約3000万人）、いま、すでに20年以上が過ぎたこの平成の世にこそ、そして、そんな時代に生きる若い世代にこそ、この福沢諭吉のメッセージは伝えていかなければならないでしょう。

そう、まさにいま、実学が必要なのです。

医学部生が起業論を学ぶように、**自分にとって必要な学問は何かと考え、探し、選び取る――そういった行為が、ベーシックなものとならなければなりません。**

私の職業は「軍事顧問」

これからの日本を支えていく若い世代に「武器」を配ること。それが、いまの私の使命だと考えています。

武器とは、この時代に必要な教養であり、実学のことです。

みなさんは、ある意味、ゲリラのような存在です。

中央政府が崩壊して、正規軍がいなくなってしまった。正規軍と自称している人たちも自分たちを守ってくれる保証はない。

だから、自由と解放を求めて自《みずか》ら戦場に立たなければならない。

でも、戦った経験がないから、いきなり最前線に立ったらあっという間に全滅させられてしまう。

戦場では、こういうときにしかるべき武器を供給して、その使い方をトレーニングする「軍事顧問」という職業が存在します。

『20世紀少年』で有名な浦沢直樹の初期の作品に、『パイナップル・アーミー』という漫画がありますが、これはまさにそういった軍事顧問をテーマにしたものです。

なんらかの理由で自分の身を守らなければならない人間に、ボディーガードをするのではなく、適切な武器を選び、その使い方を徹底的にトレーニングする。

つまり、いま私が行いたいのは、無力なゲリラである若者たちが、自分たちが弱者であ

る日本社会というフィールドで戦えるように、「武器としての教養」を配ることなのです。

武器はいろいろあります。最終的には、個々人がそのなかから「自分はこの武器だ!」というものを複数選びとって、実践によって磨いていく。

そういった若者たちがひとりずつ増えていけば、まだまだ日本の未来は捨てたものじゃない。面白いものになっていく。

私はそう考えています。

どんなことも自分で決めていく時代の「決断思考」

では、具体的にどういう〝武器〟があるのか?

それは、私が軍事顧問を務めるこの「星海社新書」シリーズで徐々に本としてまとめていこうと思っていますが、ひとつ言えるのが、言葉は同じでも、時代によって必要となる教養の姿は変わっていくということです。

福沢諭吉の時代に必要な教養と、いまこの日本に必要な教養は違うのです。

同様に、古代ギリシャのリベラルアーツと、いま求められているリベラルアーツはまったく異なるものです。

私は、**ゲリラであるみなさんが優先的に身につけるべきは「意思決定の方法」だと考えています**。だから、京都大学でも学生に教えています。

決断するための思考法、と言ってもいいでしょう。

なぜその武器が必要か？

それは、**若い世代は今後ありとあらゆるジャンルにおいて、自分で考え、自分で決めていかなければならない場面が増えていくからです。**

たとえば就職と、その後の人生について。

高度成長、安定成長の時代には、「大きな会社」を入口として選べば、あとはエスカレーター式に出口までたどりつくことができました。

新卒で大企業に入れば、10年後に係長、20年後に課長、30年後に部長で、60歳で定年退職——といったように、ポジションも給料も出世コースも、ほぼ自動的に決まっていたのです（もちろん多少の個人差、業界差はあります）。

ここで私が強調したいのは、みんなが同じような未来をイメージしながら生きていた、ということです。

会社がいきなり倒産するようなこともほとんどなかったので、基本的に「右肩上がり」

をイメージしながら、私たちは自分の人生について考えることができました。

何歳で結婚して、何歳で子供を産んで、何歳で家を買って、老後はこう過ごす――。生活の基盤が安定していて、将来のこともある程度イメージできるからこそ、安心してライフプランを立てることができました。

だいたい「みんなと同じ」「これまでのやり方」を選択しておけば、問題は何もなかったのです。自分でいちいち選択肢を考えたり、複数ある方法の中からひとつのものを選び取るような必要は、あまりありませんでした。

しかし、くり返すように、そんな幸福な時代は過ぎ去りました。

日本の経済は成熟期、いや衰退期に入ったと言われています。いまや大企業に入ったからといって「一生安泰」ということはありえませんし、そもそも会社の寿命自体が個人の寿命より短くなりつつあります。

30年間勤めるつもりだったのが、その会社は10年で消えてしまったりします。消えないまでも、他社に吸収されたり、業績が悪くなってリストラされたりと、ひと昔前とは状況がかなり異なるでしょう。

ずっと「勝ち組」と言われていたような会社や業界でも、このような状況からは逃れられません。

将来がどうなるか、いまや誰も明確には予測できないのです。

これは、漠然とみんなで同じ未来を見ていた高度成長、安定成長の時代とは決定的に異なる状況です。「横並び」「右肩上がり」は幻想に変わりました。

まさに、時は「カオスの時代」に突入したと言えるでしょう。

こんな時代に生きる私たちは、過去のやり方が通用せず、未来予想もうまくできないなかで、自分の人生や家族の将来を見据《みす》えながら、ひとつひとつ現時点で最善と思える「意思決定」を行っていかなければなりません。

進学、就職、転職、結婚、出産、子育て、介護、老後、年金、貯蓄……。

つまり、人生において、個人として大きな決断を迫られる場面に遭遇する機会が、昔に比べて明らかに増えているのです。

それなのに、学校も親も、意思決定の方法について教えてはくれません。

それもそのはずで、彼らは良い時代を生きてきたので、大きな決断を迫られるような場面にはあまり遭遇してこなかったのです。

だから、筋道《すじみち》を立ててその方法を教えることなどできません。

ディベート＝意思決定のための具体的な方法

私は、人生において何度も大きな決断を下してきました。

意思決定の際に大いに参考になったのが、東大弁論部に所属していたときに学んだ「ディベート」の考え方です。

ディベートというと、「頭の良い人たちがくり広げる頭脳ゲーム」といったイメージが強いかと思いますが、それはディベートの本質を表してはいません。

ディベートでは、あるテーマを設定して（たとえば原発問題や首都移転問題）、それに対する賛成（肯定）意見と反対（否定）意見を徹底的に戦わせます。

あまり知られていませんが、**賛成と反対、どちらの立場に立つかは、直前にくじ引きやジャンケンによって決まります。**

これはどういうことか？

そう、賛成と反対、両者の立場に立った意見・主張をあらかじめ用意しておかなければならないのです。たとえ個人的には原発に反対だとしても、くじ引きで賛成側になれば、肯定的なことを言わなければならない。

つまり、あるテーマに対して、賛否両論を自分の頭の中で整理する必要があるのです。これこそが、ディベートの本質だと言えるでしょう。

私はディベートの経験を積んでいく過程で、**この思考法は「個人の意思決定」にこそ使える、と思うようになりました。**

たとえば高校生であれば、理系（文系）に進むべきか否か、といった問題。

普通は、数学が得意だから理系（逆に苦手だから文系）とか、なりたい職業から逆算して選ぶといったことがなされていますが、ディベートの考え方を身につけていれば、理系（文系）のメリット・デメリットを徹底的につき合わせていくことで、おのずと選ぶべき道が見えてきます。

でも、そういった考え方を知らないと、往々にして「好き嫌い」や「得手《えて》不得手」といった主観だけで決断しがちです。

そうではなく、主観的な意見・主張はとりあえず横において、まずは一回、問題を賛否両方の視点から客観的に考えてみる。そうして問題の全体像を把握したうえで、最終的な判断を下すための根拠を得る——**そう、ディベートとは、客観的に決断するための思考法**

だと言えるでしょう。

この本は、ディベートの考え方をもとにした「決断思考」について、若い世代が「武器としての教養」として身につけられるよう、授業形式を用いてなるべくわかりやすくまとめたものです（ディベートの専門書ではないので、一般的なディベートのやり方とは少々異なります。もし本書をきっかけに、本格的なディベートに興味を持たれたなら、私が代表理事を務める全日本ディベート連盟にコンタクトをとっていただけると嬉しいです）。

大学の授業を受けているような感じで、真剣に、そして気楽にページをめくっていってください。

武器は持っているだけでは意味がありません。使ってこそのもの。

教養も、座学《ざがく》ではなく、実践により磨かれます。

今後の人生で出会う大きな決断の場面で、ぜひこの本で学んだ思考法を応用してみてください。

きっと、教養《リベラルアーツ》の重要性を実感できるでしょう。

目次

1時間目　「議論」はなんのためにあるのか？　45

4時間目 反論は、「深く考える」ために必要なもの 129

5時間目

議論における「正しさ」とは何か　155

6時間目 武器としての「情報収集術」 195

7時間目 「決断する」ということ 215

ガイダンス　なぜ「学ぶ」必要があるのか？

「知識・判断・行動」の3つをつなげて考える

あらためまして、こんにちは。

瀧本哲史です。

授業に入る前に、この授業でみなさんが「何を学ぶのか？」、そして「そもそもなぜ学ぶ必要があるのか？」ということについて、ガイダンスを行いたいと思います。

少し長くなりますが、**この部分をしっかり理解しておかないと、ディベートについて学んだところで、それを実学として、武器として使いこなすことはできません。**

ただ「わかったつもり」「勉強したつもり」になるだけで、つぎの週になればきれいさっぱり忘れてしまうでしょう。

私の授業で重視しているのは、ただ一点。

知識ではなく考え方を学ぶ、ということです。

ちまたには「ＩＴ、英語、会計は現代人に必須のビジネススキルだ」といった本があふれていますが、いくらＴＯＥＩＣで９００点を取ったり、公認会計士の資格を取ったところで、それだけで安泰だと考えるのはちょっと早計《そうけい》です。

ブームになっている勉強会もそうです。

最近、丸の内のビジネスマンが、「早朝ドラッカー勉強会」を開いている光景を何度か目撃しましたが、ドラッカーの『マネジメント』をみんなで穴の空くほど読み込んだところで、マネジメント能力が上がるなんてことはありえません。

厳しいことを言えば、そうやって得た「知識（資格）」を、なんらかの「判断」、そして「行動」につなげられなければ、なんの意味もないのです。

自動車の免許を取るときに教わったことを思い出してみてください。

車を運転するときに必要なのは「認知・判断・動作」の三段階だと、くり返し言われたはずです。

たとえば、道路にボールが転がってくるのが見えたら、子供が飛び出してくるかもしれないと考え、ブレーキを踏む。これが、認知・判断・動作です。

それと同じで、**実学にも「知識・判断・行動」という三段階が存在します**。

実学の世界では、知識を持っていても、それがなんらかの判断につながらないのであれば、その知識にあまり価値はありません。そして、判断につながったとしても、最終的な行動に落とし込めないのであれば、やはりその判断にも価値はないのです。

知識・判断・行動の3つがセットになって、はじめて価値が出てきます。

なので、たとえばあなたが会計学を学んでいるとするなら、簿記《ぼき》何級を取ったとか、決算処理ができるというレベルで満足してほしくないのです。

それは知識を持っているにすぎず、そういう人間はこれからの時代、担当Aとして、会社の都合の良いように使われるだけで、**自分の人生を自分で切り開くどころか、会社の業績次第では真っ先にクビを切られます。**

それは、担当BでもCでもできる仕事だからです（このような、誰とでも交換可能な人材を「コモディティ人材」と呼びます。詳しくは講談社刊の拙著《せっちょ》『僕は君たちに武器を配りたい』をご一読ください。日本にやってきている「本物の資本主義」と、そこで生き残ることができる人材タイプについて、若い世代の目線でわかりやすく説明しています)。

では、どういった人材を目指すべきか?

自分が作った決算書をもとに、「この部分のコストは下げられるはずです」「この商品を売るのはやめたほうがいい」などと、ビジネスの判断に役立つ会計知識を提供できて、はじめて人材としての価値が出てきます。

でも、それだけではまだ不十分。

「こうしたほうがいい」「こうすべきだ」といった提言・提案からもう一歩進んで、具体的な行動に移すところまでいかなければなりません。

先日、ヘッドハンターとして活躍している知人が、以下のように話していました。

「いまの時代、英文会計ができる人材はいくらでもいる。そのなかでヘッドハントの対象となるのは、たとえば海外支社は頑張っているのに、本社がだめで、もうこれ以上お金を出せないといったときに、支社のバランスシートなどをもとに地元の銀行にかけあって、お金の借り入れまでできるような人材だ」

これが、知識・判断・行動のすべてをセットでこなすことのできる、交換不可能な人材の姿です。

この本を買って読むような、若くてやる気もあるみなさんには、ぜひここまでできるようになってほしいと私は強く思っています。

もちろん、さらに厳しさを増す今後の労働市場において生き残るため、ということが大前提としてありますが、それだけではありません。これからの日本を形作っていくみなさんひとりひとりがそういった人材になることで、**10年後、20年後に、その世代の力で大きく社会を変えてほしいのです。** 舵《かじ》を切っていってほしい。

世の中を変えるためには、知識を持っているだけではダメです。もちろん、知識すら持っていないのは論外。

日頃から、知識を判断、判断を行動につなげる意識を強く持ってください。

『マネジメント』を読んだ。だいたいの人はそこで終わります。わざわざ早起きして出社前に勉強会に参加している自分に少し酔《よ》って、勉強したつもり、仕事をしたつもりになって、たまに赤線を引いた箇所を読み返すくらい。

そして、翌週になれば、今度は『戦略思考の教科書』のようなビジネス書を読んで、同じことをくり返します。

「はじめに」でも述べたように、武器は持っているだけでは意味がありません。使ってなんぼ。失敗しても、間違っていてもいいから、自分が得た知識・教養を、自分の判断、自分の行動に日常的に役立ててください。

それが、このガイダンスでまずみなさんに伝えたい第一のことです。

エキスパートではなく、プロフェッショナルを目指せ

人材の話をもう少しだけ続けましょう。

私が外資系企業のマッキンゼーに在籍していた時代によく言われたのが、**「エキスパートではなくプロフェッショナルにならなくてはダメだ」**ということです。

みなさんは、エキスパートとプロフェッショナルの違いを説明できますか？

エキスパートというのは、ある分野についての専門的な知識・経験が豊富で、それを売ることで生きている人たちです。

たとえば先日、私は生まれて初めて歯医者に行ったのですが、最先端の技術で虫歯を治療するのが、歯科界におけるエキスパートでしょう。いまだ20年前の治療法しか行えないようなところは、歯医者が飽和《ほうわ》状態にある昨今、さすがに生き残っていけないので、まずはその分野のエキスパートになることが求められます。

ただし、私が学生に対してくり返し言っているのは、

「これからの時代、エキスパートの価値は暴落していく」

ということです。

そのように言うと、だいたいの学生が驚きます。ひとつのジャンルに特化して、専門知識を積み重ねてきた人は、これまではあらゆるジャンルで尊敬の対象だったので、当然といえば当然の反応でしょう。

なぜ暴落するか？

それは、ここ十数年間における産業のスピードの変化が、従来とは比較にならないほど速まってきているからです。

産業構造の変化があまりにも激しいため、せっかく積み重ねてきた知識やスキルがあっという間に過去のものとなり、必要性がなくなってしまう。最先端の技術を持っていたところで、その技術はどんどん更新されていくので、その変化に対応するだけでいっぱいいっぱいになってしまいます。

高いお金を払って最新のパソコンを買ったのに、2年もするとすっかり古くなってしまう状況と同じで、モノだけでなくヒトの性能も、ドッグイヤーのようになってきているのです。

もうひとつ、エキスパートになったところで、その産業自体が縮小したり無くなってしまえば、元も子もありません。一生安泰な会社や業界など望めないこれからの時代、エキスパートになるには大きなリスクが存在しているのです。

では、どうすればいいか？

そこで目指すべきなのが、プロフェッショナルという、エキスパートの上位概念とも言える人材モデルです。

ここで言うプロフェッショナルとは、

①専門的な知識・経験に加えて、横断的な知識・経験を持っている
②それらをもとに、相手のニーズに合ったものを提供できる

という、2つの条件を持ち合わせた人材のことを指します。

コンサルタント業界には、「専門コンサルタント」という人たちがいますが、彼らは物流なら物流、購買なら購買、人事なら人事と専門が決まっていて、まさにその分野におけるエキスパート中のエキスパートです。

とはいえ、たとえば物流の専門コンサルは物流に特化しているので、どんな問題があったとしても、すべてを物流の問題として解決しようとします。

でも、本当に価値があるのは、「そもそもこれは物流の問題なのか?」と根本的なところから問うことができることですよね。

もちろん、実際に物流の問題だったときは、専門コンサルは大きな力を発揮するわけですが、そうではなく実は人事の問題だったりしたときは、適切な対処ができません(現場では往々にしてそういうことが起こります。結果、コンサル料が無駄になって、コンサルは使えないという悪い印象だけが残ります……)。

そういった専門コンサルに対して、マッキンゼーという会社が標榜《ひょうぼう》していたのが、「われわれはトップマネジメントコンサルタントである」ということ。つまり、最終意思決定者である企業のトップのためのコンサルタントだということです。物流、購買、人事……

その他すべての企業活動に対する横断的な知識・経験をもとに、トップが決断するための手助けをします。

これは、プロフェッショナルの定義とまったく同じです。

特にエキスパートとの比較で際立つのが②の部分。

エキスパートは、大ざっぱにいえば、「○○しろ」「これが正解だ」という言い方をして自分のやり方を押しつけますが、プロフェッショナルは相手側を理解して、相手側の条件に合わせて、トータルなサービスを提供することができます。

要は、相手の立場に立って、相手の代わりに考えてあげることができるのです。そしてそのためには、①の横断的知識・経験が必須のものとなります。

歯医者の例でいえば、ただ虫歯を治すのがエキスパート。虫歯にならないように、予防から治療、もっといえば生活習慣の改善まで提案できるのがプロフェッショナルでしょう。

マーケティングの事例でよく出てくる話ですが、電動ドリルがよく売れている状況を見て、「もっと高性能のドリルを売ろう」と考えるのがエキスパートであるならば、もっと根本的なところまで考えて、「お客さんが欲しいのはドリルではなく穴である」と考えるのがプロフェッショナルです。

なんとなくイメージできるでしょうか？

専門バカは生き残れない

ちょっと話がコンサル業界に寄りすぎてしまいましたが、何が言いたいのかというと、要は「専門バカになるな」ということです。

編集者を例にとってみましょう。この本にも担当の編集者がいますが、編集者とはいったいどういった職業でしょうか？

まずイメージするのは、「本作りの専門家」。

そのイメージの通り、大方の編集者は編集の知識と経験をもとに、書籍や雑誌の企画を立て、それを形にすることで飯の種としています。

これまではそれでよかったのでしょう。コツコツと本を作り続けることで出版社は商売を成立させるだけでなく、文化的な役割も担《にな》ってきました。

でも、これからはそれだけでは生き残っていけません。本が売れないと言われ続けている昨今、**もっと俯瞰《ふかん》の視点で出版業を捉《とら》え、本作り以外の価値を提供していかないとならないでしょう。**

たとえば出版業を教育業のひとつと捉えるならば、出版社が学校を経営してもいいはずです。顧客である読者は、本を求めているのではなく、知的好奇心を満たすことを求めているとするなら、そういった判断は普通に出てくるはずです。

でも、いまだ私は、学校を経営している編集者に出会ったことはありません。

自分の仕事は本を作ることだと定義づけた瞬間に、**エキスパートの道はあっても、プロフェッショナルの道は閉ざされてしまうのです。**

学問の世界でも、優秀な人材は問題を複数の視点で捉えます。

人文科学、社会科学、自然科学という3つの視点からひとつの問題を捉えるだけでも、問題の見え方は大きく変わってくるでしょう。

日本の教育は、学問の縦穴を深く掘ることばかりに注力していて、複数の学問をつなぐ横穴の掘り方は教えてくれません。理科の問題を社会の知識を応用して解くようなことはありませんし、日本史と世界史すら別々に教えている状況です。

福島の原発事故で汚染水が漏《も》れ出ていることが問題になったとき、原発の専門家が集まって対策を練《ね》りましたが、なかなか解決策は見つかりませんでした。

右往左往した結果、最終的に水ガラスを使うことで漏れを防ぐことができたわけですが、その方法はトンネル工事などを行っている建築業界ではあたりまえのものだと言います。**結局、世の中には、それぞれの問題に対するエキスパートはたくさんいても、全体を見て判断できるプロフェッショナルはあまりいないのです。**

だから、いまの若い人たちには積極的にそこを目指してほしい。そうすれば、貴重な存在として、圧倒的な価値が出てきます。

事実、専門コンサルに対して、マッキンゼーのようなトップマネジメントコンサルはその何倍もの報酬を受け取っています。つまり、それだけの価値があるということなのです。

「正解」なんてものはない

このガイダンスの最初に、私が授業で重視しているのは「知識ではなく考え方を学ぶこと」だと言ったのを覚えていますか？

漠然と知識を積み重ねるのではなく、みなさんには、その知識を判断・行動に結びつけたり、それをもとに横断的・俯瞰的にものごとを捉えることができるような人間になってほしいと思っています。

そうすれば、自分の人生を自分の力で切り開いていくことができるようになるでしょう。「知識ではなく考え方を学ぶ」というのは、言い換えると、**「答えではなく、答えを出す方法を学ぶ」**とも言えます。

ビジネスにも人生にも、「正解」なんてものはありません。自分の力でひとつずつ答えを出していかないといけない。

でもこれまでは、ビジネスにしろ人生にしろ、なんとなくモデルがあって、一生懸命それを真似して、みんなに合わせていれば特に問題はありませんでした。

要は、正解（みたいなもの）があったのです。

100点満点のテストで100点を目指していれば、それでよかった。

東日本大震災の際、新宿駅でタクシーの列に500人以上の人間が並んでいる光景を見て私は心底驚きましたが、**自分で答えを出せるようにならないと、本当に行列に10時間並ぶだけの人生になってしまいます**（それでも、これまでは辛抱《しんぼう》していれば必ずタクシーがやってきて、乗ることができました。でもこれからの時代は、行列に並んだところで、タクシーが来ない可能性すらある……）。

どうしても帰宅しないといけないなら、ヒッチハイクして相乗りを提案するとか、民家を訪ねて自転車を借りるといった選択肢もあったはずです。でも、そんなことをしている人はほとんどいませんでした。

結局、人は従うべき何かを求めがちなんです。

車がまったく通っていなくても、歩行者信号が赤ならじっと待ち続けてしまう。成功した人の言ったとおりにやればうまくいくんじゃないかとか思って、講演会・勉強会に足しげく通ってしまう。

しかし、彼らは一般的なアドバイスはしてくれても、ひとりしかいないあなたのためだけのアドバイスをしてくれるわけではありません。結局、くり返すように、自分の頭を使って、自分で答えを出していくしかないのです。

彼らに大金を払い続けたところで、儲《もう》かるのは彼らだけで、あなたは利用されるだけ利用されておしまいです。

仏教には「自燈明《じとうみょう》」という言葉があるのをごぞんじですか？

開祖である釈迦《しゃか》が亡くなるとき、「これから私たちは何を頼って生きていけばいいのでしょうか？」と嘆く弟子たちに向かって、釈迦はこう言いました。

「わしが死んだあとは、自分で考えて自分で決めろ。大事なことはすべて教えた」

自ら明《あ》かりを燈《とぼ》せ――誰かが燈してくれる明かりを頼りに暗闇の中を歩むのではなく、自らが明かりとなれ。つまり、おのれで指針を持たないといけないと突き放したわけです。

他にも仏教には、「道で仏陀《ぶっだ》に出会ったら、仏陀を殺せ」という言葉があります。

これはどういうことかというと、もし何でも知っているという仏陀（釈迦）に出会ったら、それは本物ではなく誰かに帰依《きえ》したいという自分の心の弱さが作った幻影なので、すぐにその気持ちを消さなければならないということです。

「変化に対応できないこと」が最大のリスク

こういった仏教の教えは、まさに私の人生の指針になっています。

要は、「自分の人生は自分で決めていく」ということです。

私は、東京大学で助手として法学の研究を行ったあと、マッキンゼーでコンサルタントとして、日本交通グループでアドバイザー兼経営者として、そして現在はエンジェル投資家として、つねに意思決定ビジネスに携《たずさ》わってきました。

京都大学では、客員准《じゅん》教授として、意思決定の方法を学生たちに教えています。

そういった経験から言えることは、**これからの時代、意思決定の方法を学ぶことは最大のリスクヘッジになるということです。**

いきなりレールがなくなったり、いままでのやり方が通用しなくなったりしても、うまく意思決定ができれば、個人の力で対応することができるのです。

時代は確実に「カードの時代」へとシフトしていっています。

これまでは、まず計画を立てて、それをもとに着実に行動していくことが求められていました。要は「計画の時代」だったわけです（だから、何十年も前の都市計画がいまごろ動き出したりもします）。

でも、くり返すように、時代は大きく変わりました。計画を立てたときの前提や条件がどんどん変わっていく。だから、古い意思決定もその変化に合わせて更新していかなければなりません。

それなのに、計画主義の人にはなかなかそれができない。一度決めたことはずっとやり続けないといけないと思っているのでしょう。

いくらトランプゲームの「大富豪」で強いカードをそろえたところで、革命が起きてしまえばブタになってしまいます。ルールが変われば、最強のカードが最弱のカードになる可能性すらあるのです。

私は、東大法学部の助手という、世間一般で言う「強いカード」を持っていましたが、「今後、10年、20年スパンで考えれば、大学における研究の価値は暴落していくに違いない」と考え、マッキンゼーという外資系企業に転職しました。

それまでのキャリアを捨てたわけです。

当時、マッキンゼーは日本ではまったくの無名でした。まわりの人全員から反対されましたが、マッキンゼーは完全実力主義の会社で、ビジネスのすべてを自分で決めていかなければならないと聞いていたので、変化に対応する力や決断力を養うことができると思い、大学を辞めて飛び込むことにしました。

まさに人生最大の決断でしたが、その後、日本でもロースクールができて、実務家の教師が台頭し、研究者の地位が弱くなっていったのを見ると、人生最良の決断だったと言えます。

あのまま大学に残っていたら、そういった時代の変化に対応することはできなかったでしょう。不満や不安を抱えながら、大学や地位にしがみつくしか手がない人生を送っていたと思います。

これからの時代における最大のリスクは、「変化に対応できないこと」です。

これまでのやり方や生き方が通用しなくなって困るのは、それが他人が過去に決めた仕組みやルールだからでしょう。誰かの意思決定が役に立たなくなっただけであって、だったら自分で一から決めていけばいいだけの話です。

変化に対応する力や決断力を身につけることができれば、仏陀に頼ってしまう弱い心は消えていきます。

何が起きても自分の人生は大丈夫だと思えるようになる。

こんな状況になったら、このカードを切ろう。あんな状況になったら、あのカードを切ろう――そういった感じに、たった1枚のカードではなく、複数のカードを用意して、変化に応じて最適なカードを切っていく。決断していく。

みなさんには、そういった「カードの時代」を生き抜くことができる人材になってもらいたい。

そんなメッセージで、このガイダンスをしめくくろうと思います。

ガイダンスで手に入れた「武器」

★「知識・判断・行動」の3つをつなげて考えよう。

★エキスパートではなく、プロフェッショナルを目指そう。

★「正解」はない。だから、自分で答えを出す方法を学ぶ。

1時間目　「議論」はなんのためにあるのか？

正解ではなく、「いまの最善解」を導き出す

ガイダンスが少し長くなってしまいました。いよいよここからは、ディベート思考について具体的に学んでいきたいと思います。

まずはみなさんに質問をしてみましょう。

「ディベート」とはなんでしょうか？

答えをひと言でいってしまえば、「議論」です。

議論を行ってものごとを決めていく。それがディベートです。

広辞苑には「互いに自分の説を述べあい、論じあうこと。意見を戦わせること」とありますが、ではなんのために議論を行うかというと、さまざまな意見を戦わせることで、より優《すぐ》れた答えを導き出すためです。

ガイダンスで私は「この世に正解なんてものはない」と述べましたが、その考えがディベート思考の根本にはあります。**基本的に正しいことはなんだかよくわからないから、議論を通して「いまの最善解」を考えていこうよ、**ということです。

ディベート思考の考え方

- 正解ではなく、「いまの最善解」を導き出す

日本人は議論ベタだと言われていますが、慣れの問題以前に、「絶対正しい意見（正解）」を言わなければならないという思い込みが強いのではないでしょうか。正解を言おうとすると、自分の意見に大きな自信がある人間以外は、とたんに何も言えなくなってしまいます。

でも実際は、何が正しいかなんてよくわからないんです。

教科書に出てくるような科学理論ですら、実は学会でいろいろと議論した結果、ある人（もしくは学派）が勝利して、とりあえず正しいということにしておこう、といった話であ

って、正解ではなく現状の最善解にすぎません。定説ではなくあくまで仮説なので、より優れた仮説が出てくれば、あっという間に覆《くつがえ》ります（天動説しかり、ニュートン力学しかり）。

つまり、科学の世界ですら、客観的に正しい真理なんてないわけです。

これは、私たちが生きている社会でも同じことです。

政治・行政みたいな大きな話から、会議を開いてビジネスの方向性を決めていこうといったビジネスの話、そして、夫婦で「持ち家を買うか、賃貸のままでいくか」を考えたり、ひとりで自分はこれからどうやって生きていこうかと悩んだりするような日常的な話まで、最初から正解なんてものはありません。

でも、正解がないからといって、何も考えないわけにはいかない。なんらかの「結論」を出さなければなりません。

そのときに必要になってくるのが議論です。

議論によって意識的に違う視点、複数の視点を持ち込み、ぶつけ合うことで、「いまの最善解」を出すことができるようになるのです。

そして最善解が出たら、あとはガイダンスで説明したように、それを行動に移していく。私たちが生きている社会は、そういったサイクルでまわっています。

陥りがちな「3つのゆがんだ判断」

議論を行ってものごとを決めていくと言うと、こう反論する人が出てきます。

「わざわざ議論なんてしないで、自分ひとりで考えて決めていけばいいんじゃないの?」と。

もちろん、それができる人はそれでいいでしょう。でも、なかなかそうはいかないのが現実です。**なぜなら、人の認識や意思決定はゆがみやすいという特徴を持っているからです。**

まず第一に、慣れていることを重視してしまう、という問題。

現状維持がいちばん楽なので、よくわからないときはとりあえず現状維持か、はたまた自分の好みでものごとを決めてしまいがちです。

成功体験の踏襲《とうしゅう》もよくあるパターン。これまでうまくいっていたからといって、これからの成功を保証してくれるわけではないのに、**人はどうしても過去を重く、そして未来を軽く見積もってしまいます。**

第二の問題は、限られた情報や枠組みで考えてしまう、ということ。

人間というのは、いま自分が知っていることからしか判断できないわけで、情報が少ない場合、正しい判断なんてできるわけがありません。

たとえば年金問題。みなさんが老後を迎えるころ、年金制度はどうなっていると思いますか？　答えようがありませんよね。もちろん、未来予測がむずかしいという問題もありますが、それ以前に、年金まわりの問題について、みなさんの知識量が圧倒的に不足しているということがあります。

そういう場合、どういう判断に陥りがちかというと、**究極の楽観か、究極の悲観をしてしまいます**。つまり、「まあ、国がどうにかしてくれるでしょう」と考えるか、「年金制度は必ず崩壊する」と考えるかの二択になってしまうわけです。

でも未来はおそらくそのあいだのどこかにあるはずで、思考停止せずに現実的に考えなければなりません。

アンカリングの問題もあります。

たとえば、「ギリシャのGDP（国内総生産）はどの国と同じでしょうか」と問われたとき、みなさんはどう答えますか？

「フランスと同じくらいかな。いや、もっと小さくて、ベルギーくらいかな」といった感じに考えると思いますが、実は神奈川県と同程度のとんでもなく小さい国なんですね。

まあ、ちょっとしたひっかけ問題なわけですが、みんな「国」と聞いたとたんに、国家の枠組みで考えてしまう。それがアンカリングです。

ガイダンスで物流の専門コンサルの例を挙げましたが、それも同じことです。すべてを物流の問題（枠組み）として考えてしまうため、限界があるのです。

そして第三は、サンクコストの問題。

案外、ここで判断がゆがむことが多々あります。

これは何かというと、ひと言でいえば、それまでのコスト（時間や努力、支払ったお金）を過大に評価してしまうことです。

たとえば、国家資格を得るため頑張って勉強したのに、いっこうに受からないとき。それまでの努力が水の泡になってしまうので、**多くの人は受かるまで頑張り続けようとしま**

す。**で、結局受からず、絶望してしまう。**

これはビジネスでも同じことで、初期投資が大きければ大きいほど、事業がうまくいっていなくても、いまさらやめることはできないと考えて、事業を存続してしまいます。その結果、赤字の額がどんどん膨らんで、他の事業にも影響を及ぼしたり、会社自体が倒産してしまう。

本当なら、うまくいっていないと判断したときに、過去のすでに支払ったコスト（サンクコスト）はいったん無視して、**それを続けるか、はたまた新しいことに一からチャレンジするかをゼロベースで比較して決めていかないといけないのに、なかなかそれができないのが実情です。**

みなさんにも似たような経験があるのではないでしょうか？

以上のように、さまざまな問題をクリアしないかぎり、自分ひとりで答えを出していくのはむずかしいのです。

ここでは代表的なものを3つ挙げましたが、他にも人の認識や意思決定をゆがませる要素はいくつもあります。

議論を行う理由はまさにここにあるでしょう。

ゆがみやすい個々人の考えをぶつけ合うことで、修正し、より優れたものに昇華《しょうか》させていく。それが重要なのです。


「みんなそう言っているじゃないか！」は議論ではない

そういった視点に立ってみると、ちまたで行われている議論にはいろいろと問題があることがわかってきます。

議論は最善解を出すためのものなのに、そうはなっていない「議論もどき」のものが幅を利《き》かせているのです。

ここで、議論でないものの典型を3つ挙げてみましょう。

①自分が根拠
私がそう思うので正しい、偉い人が言うから正しい、というものです。

よく見かけますよね、そういった議論を。

私がマッキンゼーに入ったときにいちばん驚いたのが、**どんなに偉い立場の人でも、自**

分の意見が論理的に間違っていると認めたら、そっちでいこうと、あっという間に意見を翻《ひるがえ》すことでした。

昔から自分はそう思っていたという顔をします。これはなかなか日本人には真似できない態度だなと感心しました。

でも、議論にも同じことが求められます。発言する人間ではなく、発言の内容だけを見て、ちゃんと判断しなければなりません。

②みんなが根拠

みんなそう言っているじゃないか！　というものです。

日本人にありがちなセリフですよね。でも、**多数意見が正しいという保証はまったくありません。**

民主主義は多数決が前提になっていますが、それだって基本的にはいろいろな意見を出し合って、何度も議論を行ったうえで多数決を取ることが前提になっているわけで、ただ多数だからＯＫとはいきません。

やはり、言っている内容が問われます。

③反論させないもの

たとえば、ある宗教家が「私が毎日祈っているので、太陽が今日も昇っている」と主張したとしましょう。これに対して、「では、あなたが祈るのをやめたら、太陽は昇らなくなるのだろうか。検証させてほしい」と指摘したところで、その宗教家は「いや、私が祈るのをやめてしまえば地球が凍《こお》ってしまう。そんなことはできない」と言うだけです。話はまったく嚙《か》み合いません。

これでは議論にならないですよね。最善解なんて出るわけがありません。でも、程度の差こそあれ、こういったことが起きているのが、よくある議論の風景です。

反論が出てきたら、その反論に対してきちんと答える。**話を逸《そ》らしたり、詭弁《きべん》でごまかしたりしないのが、議論の最低限のルールになります**（科学の世界ではこれを「反証可能性」と言います。反証可能でないものは科学ではない、というのが、科学の世界の掟《おきて》なのです）。

議論にルールを加えたものがディベート

ここまでのことを少し整理してみましょう。

まず、あらゆる分野で従来の「正解（みたいなもの）」が崩れ、カオスの時代になりつつあるいま、若い人はこれからどんなことも自分で決めていかなければならない、という時代背景があります。

でも、ひとりでものごとを決めようとすると、ゆがんだ答えしか出てきません。

そこで必要となってくるのが議論です。

議論は、異なる意見、複数の意見をぶつけ合うことで、正解ではなく「いまの最善解」を導き出すためのものであり、その条件として、「言っている内容」で判断する、反論をきちんと認める、ものでなければなりません。

この掟が守られていないと、価値観の問題もあるので、議論は平行線をたどって、いつまで経っても結論が出ず、結局、声の大きい人の意見が通るということになりがちです。

ここまでが、「議論の作法」とも言えることです。

この時間の最初に「ディベート＝議論だ」と説明しましたが、厳密に言うと、議論とディベートは少し異なります。

議論に特定のルールを加えたものがディベートです。

基本的にやり方が決まっています。議論する能力を身につけるためのトレーニングだと言ってもいいでしょう。競技として、勝ち負けも決めます。議論という大きな枠組みの中に、ディベートという分野があると考えてください。

では、具体的にどういった〝ルール〟があるのか？

ここでは4つの大きなルールを説明しましょう。これはディベートを行う際の根本的なルールであり、議論全般に対しても守られるべきルールになります。

ディベートのルール①

●特定の論題について議論する

まず基本的に論題（テーマ）があらかじめ決まっています。

これは議論が拡散しないためのもので、多くの場合、特定の政策（プラン・活動）をやるかやらないか、を決めます。

よく見かけるのが、たとえば日本は死刑を廃止すべきか否か、といったテーマで始めたはずが、いつのまにかテーマが、殺人は是か非か、といったものに変わっている議論。

これはディベートではありません。話題がテーマから逸れたら、すぐに本筋に戻す必要があります。でなければ、話があっちこっちにいって、いつまで経っても結論など出ないからです。

ディベートのルール②
・賛成側と反対側に分かれる

これは、みなさんがもともとイメージしているディベートの姿ではないでしょうか。

ここでのポイントは、賛成（肯定）・反対（否定）どちらの立場に立つかは、くじ引きやじゃんけんによって、ディベートの直前に決まるということ。

このことは案外、知られていません。

そして、**実はここが、ディベート思考のいちばん大事なところになります**。

つまり、個人的な意見や好み、価値観がどうであれ、賛成・反対、両者の立場に立った主張を事前に準備しなければならないのです。たとえ個人的には死刑に反対だとしても、くじ引きで賛成側になれば、肯定的なことを言わなければならない。

そう、あるテーマに対して、賛否両論を自分の頭の中で整理する必要があるのです。これこそが、ディベートの本質だと言えるでしょう。

この本質があるからこそ、ひとりでものごとを決めていくとき、ディベートの考え方が役に立ちます。**自分に都合の悪い意見や、自分の価値観からは出てこない意見もすべて視野に入れたうえで、頭の中で賛否両論をぶつけ合って、最善解を決める（決断する）ことができるのです。**

> **ディベートのルール③**
> ● 話す順番、発言時間（制限時間）が決まっている

これに関しては説明するまでもないでしょう。議論を公平、かつ合理的に進めるためのルールです。このルールがないと、好き勝手にみんなが話してしまい、収拾がつかなくなります。

> **ディベートのルール④**
> ● 第三者を説得する

ディベートというと「相手を論破する」というイメージが強いと思いますが、それは大きな誤解です。ルールによって賛成・反対とあらかじめ立場が決まっているので、そもそも相手を論破することなどできるはずがないのです。

大事なのは、見ている第三者を説得すること。ディベートでは第三者として審判がいるので、彼らがどう判断するかがポイントになってきます（審判は両者の主張を比較して、勝敗の判断を行います）。

議論する相手を論破したり、相手側の意見を変えさせる必要などないのです。

話す相手を説得するための方法は「交渉」と呼ばれています。交渉に関しては、「武器としての教養」として新たに一冊にまとめる予定なので、そちらを一読いただければと思います。

「朝生《あさなま》」はダメな議論の典型

固有名詞を出してしまいますが、「朝まで生テレビ！」はダメな議論の典型です。

あれはディベートどころか、議論にすらなっていません。

まず、テーマが漠然としか決まっていない。先日見たときのテーマなんて、「脱原発と日本の未来」ですから。

これでは話が拡散・飛躍するに決まっているので、結論など出るはずがありません。**結論が出ないものは、雑談であって議論ではない**。

つぎに問題なのが、賛成側と反対側に分かれておらず、パネリストそれぞれの立場もはっきりしていないことです。

さまざまな立場の議論が入り交じって混乱するだけでなく、近い立場の人同士が細かな違いで喧嘩《けんか》を始めたりもします。

これを煽《あお》るのが、基本的に司会・田原総一朗《たはらそういちろう》の仕事なわけです。

両者ともに原発に反対してるのに、原発反対のAの人とBの人に「おふたり、どこが違うんですか。もっと私にもわかるように説明してくださいよ」と言って、説明したら説明したで、「あなたは原発反対とか言ってるけど、ぜんぜん違うじゃないか！」と暴れたりする。

番組的には面白くても、議論としてはまったく話になりません。

発言のルールが決まっていないことも大きな問題です。勢いで場を支配したり、都合の悪い話をスルーしたりと、やりたい放題。というより、**いかにスルーするかが大きなポイントだったりして、常連のパネリストたちはそこらへんに長《た》けています。**

田原総一朗自身、都合が悪くなったら「ここでCMに」とお茶を濁《にご》す。

最後にいちばんの問題なのが、議論の審判とも言うべき第三者が存在していないことです。司会者も一緒になって議論に参加する、というより、議論をかき乱します。で、最後には適当なコメントを言うだけで番組の幕を閉じるわけですが、こんなものはディベートでも議論でも討論でもなんでもありません。ただのTVショーです。

結局、テレビの討論番組や、ツイッター、2ちゃんねるなどのインターネット上の議論では、参加者が議論やディベートに関する基本的な考え方を共有していないため、うまくいきっこない。基本的に混乱するようにできているわけです。

問題がテレビやインターネットの世界だけならまだいいのですが、現実に政策を決めたり、みんなで話し合ってものごとを決めたりする場面でも、「朝生」と同じような現象が起きているのが実情です。

たとえば、大きく話題になった民主党による「事業仕分け」(国家予算の見直し)。

特定の事業をやるかやらないか、と論題は決まっているし、賛成側（事業を続けたい役人）と反対側（それにツッコミを入れる民主党議員）に分かれてもいるので、一見、まっとうな議論のように見えます。

しかし、発言のルールが決まっていないので、よくしゃべり、平気で相手の発言をさえぎるような図太《ずぶと》い議員が幅を利かせます。気弱な役人は言い返すのが精いっぱい。そしていちばん問題なのは、審判による判定のところで、要は仕分け人が選手であると同時に審判なわけです。これは、まったくフェアじゃない。

絶対に勝てる戦いをやっているだけであって、本当は、国民が判断する、中立的な機関が判断する、みたいに、第三者に判定を委《ゆだ》ねなければ議論にはなりません。

なぜ日本の会社は、こんなにも会議が多いのか？

こんなことが平気で行われているのがいまの日本の現状なので、みなさんには議論の作法・ディベートのルールをよく頭に叩き込んでもらって、今後みんなで話し合ってものごとを決めていくというときに、**リーダーとして、議論全体の舵を取っていってほしいと思います。**

話が拡散してきたら、「それは今回の論題とは違う話なので、話をもとに戻しましょう」と軌道修正したり、「ここは相手を論破する場ではなく、意見をぶつけ合って最善解を出していく場です」と方向性を確認したりすることで、朝生のような「結論の出ない議論」を極力なくしていってください。

もちろん、議論の目的を「最善解を導き出すことではなく、いろいろな意見を発散させること」とするなら（アイデア出しの会議みたいなものですね）、朝生のようなかたちも悪くはないでしょう。

最悪なのは、結論を出そうとしてるのに出ないこと。

2時間も話し合ったのに特に何も決まらず、「じゃあ来週のこの時間にもう一度やろうか」などと持ち越しになるのが、日本のよくある会議の光景です。

まず、2時間で結論を出す、ということを参加者全員に理解させる必要があります。でないと、どうしても当事者意識が弱くなるので、みんな誰かが決めてくれるだろうと思って、好き勝手な意見を言い合っておわりになります。

全員で、何かしらの結論を出す。それを会議の最初にきちんと説明して、みんなに共有させることが、リーダーの大きな役割になります。

そうすれば、もし結論が出なかったとしても、「それはここの資料が足りなかったからだ」とか「この部分の優先順位について、みんなの意見がまとまらなかったからだ」などと、結論が出ない理由がわかる。

結論を出そうと集中することで、なぜ結論が出ないかがわかるのです。

だとしたら、つぎの会議までにすべきことや、つぎの会議で重点的に話し合うことも決まってきます。どうすれば結論が出るかが明確になってくるので、少なくとも2回目の会議では結論が出るでしょう。

こういう意識がないと、ダラダラと何回も会議を開いて、結局何も決まらないということになりがちです。「えっと、先週の会議では何を話し合ったんだっけ?」ということになって、また一から同じ内容の会議をくり返すことになります。

これぜんぶ、時間と労力の無駄。仕事の生産性を高めるためにも、やはり議論の作法を頭に叩き込んでください。

「準備と根拠」がディベートの鍵をにぎる

さて、ディベートのルールをひと通り確認してわかることは、以下の2つの点が重要になってくるということです。

・準備が8割
・根拠が命

まず「準備」。賛成・反対どちらの立場に立つかがわからないということは、あらかじめ準備をしなければならないということです。

この準備が、ディベートの質を決定的に決めます。

賛成側・反対側でそれぞれ相手がこう言ったらこう言い返すとか、考えられる反論の可能性をすべて洗い出しておかなければ、ディベートは一方的で短絡的なものになってしまい、最善解を導き出すようなこともできないでしょう。

イメージとしては、かぎりなくカードゲームや将棋《しょうぎ》に近い。

相手があのカードを出してきたら、このカードで返して、そうすると相手はこうくるはずだから、最後はこのカードで勝負を決めよう。もしくは、このカードを出すと相手にあのカードを出されて太刀打ちできなくなるから、これだけは出さないようにしよう――等々。

将棋の定跡《じょうせき》を考えるのにも似ています。**完全にあらかじめ考えておくんです。双方の立場で準備して、それぞれの弱点を研究しつつ、それを補強する。**

なので、即興《そっきょう》で何か言ったりするのは、考えもなくいきなり相手陣地に飛車や角を飛び込ませるのと同じで、ものすごく危険な行為になります。

私は討論番組のアドバイザーをいくつか務めたことがあるのですが、みなさん本当にぜんぜん準備をしてこない。だから、脊髄《せきずい》反射で意見を言い合うだけで、毎回わけのわからないものになる。

まあ、朝生と同じでTVショーだと思えばそれでもいいのでしょうが、良い議論をしようと思ったら、基本的にはちゃんと準備をしなければなりません。

8割の努力を準備につぎこむくらいの意気込みでのぞんでほしいと思います。

そして、準備のつぎに大事になってくるのは「根拠」です。

相手を説得するのではなく、第三者、しかもディベートの場合は議論の専門家が審判を務めるので、彼らをどうやって説得するかというのが大きな問題になってきます。

彼ら審判は何をもって判断するか？

実は、「根拠の優劣《ゆうれつ》」しか見ていません。

言い換えると、**「誰が」言ったかではなく「何を」言ったかということです**。

素人《しろうと》の意見だろうが、その人の発言のロジックが正しければ採用するし、専門家であっても、言っている内容がむちゃくちゃであれば負けになります。

だからこの授業でも、どうやってしっかりした根拠を作るのかとか、どうやって相手側の根拠を否定するのかという話をしていきます。

どうやったら自分を偉く見せることができるのか、どうやったら影響力を持てるようになるのか、はたまた、どう言ったら人をダマせるのか――そういったことは（知ってはいますが）この授業では扱いません。

そういうことをどうしても知りたい人は、違う人から学んでいただきたいと思います。

結論よりも大切なこと

ディベート思考とは、最終的にはディベートを個人ひとりの頭の中で行うことによって、いまの最善解を出していく思考法になります。

となると、ここでみなさんはつぎのような疑問を持つかもしれません。

「特定のルールに基づいて、賛否両方の立場の意見をぶつけ合うことはわかるけど、最終的に判定するのも自分となると、どうやって公平なジャッジができるの？」と。

もっともな疑問でしょう。

ここではっきりと言っておきたいのは、完璧な判定は不可能だということです。異なる意見、複数の意見を戦わせて、認識のゆがみをいくら是正《ぜせい》したところで、１００パーセントの結論なんてものは出てきません。

でも、それでいいのです。

それでも、まったく無思考に脊髄反射でものごとを決めていくよりかは、はるかに優れた結論が出てくるはずですし、**実はいちばん重要なのは、どういう結論を出したかということ以上に、どういった思考を経てその結論を導き出したかということなのです。**

要は、決断にいたる筋道が重要だということ。

ディベート思考の考え方

●結論の内容以上に「結論にいたる筋道」が重要

なぜなら、筋道がはっきりしていれば、修正することが可能になってくるからです。

大事なのは、どういう前提、どういう理由（根拠）で決めたのか、ということ。**前提が変わったり理由が間違っていたら、結論を変えればいいだけの話でしょう。**

これは、何度もくり返し言っている「正解なんてものはない」という考え方と対《つい》になる考え方です。

究極の正解みたいなものを出そうとすると、いつまで経っても結論なんて出ないから、とりあえずいろいろ考えて、いまの最善解を出してみる。そして、実際に行動してみて、うまくいけばそれでいいし、うまくいかなかったらやり直す。もっと良い最善解を考えてみる――。

そのとき、根拠から結論にいたる思考の筋道がはっきりとわかっていれば、「この前提が間違っていたからうまくいかなかったんだ」などと、問題点を結論からさかのぼって指摘することができます。

そうしたら、そこから修正して、新たな最善解を導き出し、また行動に移す。

「知識・判断・行動」の例でいえば、「知識・判断・行動・修正」という4つのサイクルを回していくことで、より良い結論にいたることができるようになるのです。

私はこれを、「修正主義」と呼んでいます。

「ブレないこと」に価値はない

こういったベーシックな考え方を知らないと、**いつも思いつきで行動するだけで、行き当たりばったりな人生を歩むことになるでしょう。**

思いつきの意思決定は、「なんとなく」という漠然とした根拠しかないので、Aをやってダメだったら B、Bをやってもダメだったら C……といったように延々《えんえん》と失敗をくり返します。

これは、なんとなくいまの会社が嫌いだから転職しようと考える若者と同じ思考回路でしょう。そういった人間は、会社を移っても「なんかここも違うなー」と感じ、転職をくり返すことになります。

要は、自分が仕事や会社に求めることがなんなのかを、根本から考えることができていないのです。

あまりにも単純な意思決定だと言えるでしょう。

とはいえ、思いつきでもまだ行動しているだけマシかもしれません。

最悪なのが、何の知識も考えもなく、何も行動しないことです。

ただ流されるだけの人生。大事なことはいつも先送りする人生。

それでもそこそこ幸せに生きていくことができたこれまでの時代でしたら、そういった「他人の意思決定に拠《よ》る人生」を選択するのも悪くはありませんでした。

でも、カオスの時代を生きるみなさんには、そういった生き方はしてほしくない。いや、絶対にしてはならないのです。

先送りというのは一見、決断を先送りしただけのように捉えがちですが、実のところは、「決断しないという大きな決断」をしたことに他なりません。

実際に行動すること、第一歩を踏み出すこと。もし前提が間違っていたら、「知識・判断」の部分をもう一度じっくり考えてみればいいのです。

世間では、ブレない生き方がやたら賞賛《しょうさん》されていますが、「ブレないこと」自体に価値はありません。

イチローがブレていなくて素晴らしいのは、スポーツの話だからです。ルールが変わらない世界では、ブレないことに価値もあるでしょう。でも、私たちが生きている社会では、すぐにルールが変わるし、状況も刻一刻と変わっていきます。

「大富豪」で、革命が起きたのに同じようにカードを切っていては即死でしょう。

モバゲーで大成功をおさめたDeNA（ディー・エヌ・エー）という会社は、もともとはネットオークションを行う会社でしたが、ヤフーが無料で「ヤフーオークション」を始めたことで、あっという間に危機がおとずれました。

そこで、事業を携帯ゲームの方向にシフトしていったわけですが、ベンチャー企業というのは、状況が変わったらすぐに戦略を変えないと倒産してしまいます。

不確実性の高いビジネスの世界で生き残っているベンチャー企業は、ほとんどのケースにおいて、戦略をころころと変えているのです。

ゲリラは目の合図だけで作戦を変更できる

「君子《くんし》豹《ひょう》変《へん》す」という、「朝《ちょう》令《れい》暮《ぼ》改《かい》」（命令や方針がころころ変わって当てにならないこと）と同様に悪い意味で使われがちな古典の言葉がありますが、本当の意味は、優れた人は間違いを認めたらすぐに改める、行動を変える、ということです。

ブレない生き方は、ヘタをすれば思考停止の生き方になります。

一度決めたことをやり続けるのは、考えなくてもできる楽なことですが、状況に応じて行動を変えていくのは、けっこう大変なことです。

だからみんな、楽を選んでしまう。計画や過去の自分にとらわれすぎて、どんなに状況が変わっても行動を変えないのです。

でも、ゲリラであるみなさんは、そういう生き方をしていてはダメです。

どうして圧倒的な強さを誇る正規軍が、往々にしてゲリラに負けるのか？　それは、指揮系統が前線からはるか遠くにいて、状況が変わってもなかなか判断を変えることができないからです。

間違った作戦をずっと取り続けてしまう。

一方のゲリラは、その場で判断して、その場で行動を変えていきます。作戦の変更も、目の合図だけで行うことができます。

みなさんが今後、既得権益に基づいた正規軍のメンバーとして生きていくのであれば、ブレなくてもいいのかもしれませんが、**もしゲリラとして最前線で戦っていくことを選ぶのであれば、修正主義の考え方は大きな武器となるでしょう。**

どちらの道を進むべきなのか——この授業を通してよく考えていただきたいと思います。

1時間目で手に入れた「武器」

★正解ではなく、「いまの最善解」を導き出そう。

★結論を出すことが大事。

★「知識・判断・行動」に加えて、「修正」の考え方を身につけよう。

★ゲリラとして最前線で戦うことを選ぶなら、「ブレる生き方」を目指せ！

漠然とした問題を「具体的に」考える

「結婚はいつしたらいいのか？」では議論にならない

では、2時間目の授業を始めましょう。

ここでは、ディベートの論題（テーマ）をどうやって決めるかについて、説明していきたいと思います。

ここをしくじると、そもそも議論が成り立たなかったり、議論がまったく盛り上がらなかったりするだけでなく、たいして問題でもないことについて延々議論するようなことになってしまうので、注意が必要です。

最初に、何について議論を行うか、決めなければなりません。

どんな「解決すべき問題」があるのか？

たとえば、日本はこれからどうなっていくのか、原発をどうするか、会社の経営はどうなるか、どう生きるべきか、親の介護をどうするか、年金はちゃんと支払われるのか、結婚はいつしたらいいのか、子供は何人作るべきか、転職したほうがいいのか、貯金はいくら必要か、そろそろ引っ越したほうがいいのか、大学院への進学で本当にいいのか……私たちの社会、そして私たちの人生には、問題はいくらでも転がっています。

とはいえ、こういった問題は、そのままディベートの論題にはなりえません。**あまりに漠然としていて、議論しようがないのです。**

そこで、もっと具体的な問題にまで落とし込む必要が出てきます。

まず大前提として、賛成側と反対側に分かれて議論を行うために、「〇〇すべきか、否か」「〇〇は是か非か」という二者択一になるように論題を設定しなければなりません。

・原発をどうするか、ではなく、原発を10年以内に無くすべきか否か
・親の介護をどうするか、ではなく、親の介護は子供が担うべきか否か
・結婚はいつしたらいいのか、ではなく、結婚は20代のうちにすべきか否か

こんな感じで、問題の争点（イシューとも言います）を明確にしていってください。

「文系に進むべきか、理系に進むべきか」といった「ＡかＢかの二択」も当然考えられますが、相当なディベートの達人にならないかぎり、争点がたくさんありすぎて議論が大混乱してしまうので、この授業ではおすすめしません。

一概に文系といっても、文学部、商学部、経済学部、法学部……といくらでもありますし、私立か国公立か、地方か都会か、そして大学の偏差値によっても大きく条件が変わってきます。

慶應《けいおう》大学の文学部と経済学部の両方に受かって、どちらに進学すべきか悩んでいる——これくらい条件がしぼられているのであれば、ＡかＢかの論題でも議論は十分に成り立つでしょう。

逆にいえば、**それくらいしぼられていないのであれば、こういった論題について議論するのはさけるべきです。**

やるか、やらないか——それが問題だ

ペットは犬と猫、どちらがいいか？

争点はしぼられていますが、こういった問題は個人の趣味嗜好《しこう》に大きく左右されるので、ディベートにはまったく向きません。人の価値観にはなかなか反論できないですよね（「猫が好きだから」と言われてしまえば、それで終わりです）。いくらやっても結論は出ないでしょう。

それに、問題が小さすぎて、はっきり言ってしまえばどっちでもいい問題です。論題には、議論に値《あたい》するものを選んでください。

とはいえ、よく見かける「大きな国家か、小さな国家か？」といったものも、議論に値する論題ではありますが、国家の大きさはバランスの問題なので、やはり結論は出ないでしょう。これも良い論題とは言えません。

論題は——
①二者択一になるくらい具体的なものを選ぶ
②議論に値するものを選ぶ
③明確に結論が出るものを選ぶ

となると、**いちばん良いのは「具体的な行動を取るべきか、否か」といったタイプの論題でしょう**。行動はやるかやらないかしかないので、二者択一になるし、必ず結論が出てきます。

これは、ディベートの世界では「政策論題」と呼ばれるものです。

・死刑制度を廃止すべきか、否か
・道州《どうしゅう》制を導入すべきか、否か
・持ち家を買うべきか、否か
・大学院に進むべきか、否か

シェークスピアの『ハムレット』に出てくる有名なセリフ、「To be, or not to be. That is the question」（生きるべきか、否か。復讐すべきか、否か。それが問題だ）も、まさに政策論題のひとつだと言えるでしょう。

みなさんには、人生の中で常にこういった論題を立て、それに対して自ら最善解を出していってもらいたいと思っています（べつに生死レベルの問題までは考えなくてもいいですからね)。

たとえば、他社の人間から「ぜひうちに来てほしい」と言われたとき。行くべきか、否か。海外赴任《ふにん》の可能性が出てきたとき。受けるべきか、否か。女性であれば、つき合っている男性からプロポーズされたとき。受けるべきか、否か。

人生には直感や勢いではなかなか決められない「人生の岐路《きろ》」というものがあります。私自身の例でいえば、東大の助手だったときに、マッキンゼーに行くべきか否か、けっこう迷いました。

そういう具体的な行動で迷うとき、ディベート思考は本当に役に立ちます。くり返すように、行動はやるかやらないかの二択なので、思考が拡散せず、つきつめていけば必ず結論にたどりつけるからです。

これが、転職は良いことか悪いことか、海外赴任は是か非か、結婚とはどうあるべきか、なんて考え出すと、もう毎日悩むだけです。悩んでもよくわからないから、結局、直感や勢いで決断することになって、うまくいかなかったらくよくよ後悔する——これは何がいけなかったのかというと、論題を政策論題にしなかったことが原因なのです。

ディベート思考の考え方

- 論題は「具体的な行動を取るべきか否か」にする

まず、このルールを厳守していただきたいと思います。

「大きな問題」から「小さな問題」へ

あと注意してもらいたいのが、**「具体的な行動」の枠組みを小さく捉えすぎない**、ということです。

どういうことかと言うと、たとえば進路で、法学部の法律学科に行くのか、それとも政治学科に行くのか、と迷っている人がいるとすると、本当に迷うべき問題はそんな小さな枠組みではなく、もう一段上の枠組みなのかもしれません。

つまり、本当は法学部ではなくて、経済学部なのかもしれない。

もっといえば、文系ではなく、理系なのかもしれない。

さらに、そもそも日本の大学ではなく、海外の大学なのかもしれない。

こういったときは、まず方向性の転換を伴《ともな》うような大きな枠組み(「日本の大学に進学すべきか、否か」）から考えはじめて、徐々に小さな枠組み（「文系に行くべきか、否か」「法学部に行くべきか、否か」「法律学科に行くべきか、否か」）に落とし込んでいくようにしてください。

X社への就職か、大学院への進学か

就職活動中の学生Aくんを例にとってみましょう。

彼はもともと、就職するか大学院に進学するかで悩んでいました。なかなか結論が出ないから、とりあえず就活《しゅうかつ》は他のみんなと同じように進めてみた。すると、それまであまり話したことのない社会人の人たちと接することになり、仕事に対する具体的なイメージもわいて、「就職も悪くないな」と考えるようになった。

しかし、時代は就職氷河期です。なかなか内定が出ません。

結局彼は、第二志望群（こういった言い方をするそうです）からしか内定をもらえませんでした。しかもX社のみ。

さて、彼はここでまた悩みます。

そのX社の内定を受けるべきか？　それとも、辞退して大学院に進むべきか？

こういったとき、どうやって論題を立てればいいでしょうか。

就職すべきか否か、であれば争点はひとつなので、ある意味シンプルです。でも、**人生では複数の問題が同時並行で起きてきます。**

Aくんの場合、第一志望群から内定をもらえていれば、そのまま就職していたはずです。しかし、そこまで志望度の高くない会社からしか内定をもらえませんでした。再び大学院への進学も視野に入ってきます。

こういったときは、ひとつひとつの問題について別々に論題を立て、ディベートを行ってください。

・X社の内定を受けるべきか、否か
・大学院に進学すべきか、否か

このように2つに分けて考えてみればいいのです。そして、それぞれの最善解が出てきたら、それらをもとに、また新たな論題を立ててみる。

もしかしたら「海外に留学すべきか、否か」といった、それまでまったく考えたこともなかった争点が見つかるかもしれません。

たった一回のディベートで、問題をすべて解決する結論に達するなんてことはほとんどありません。**ディベートは決して万能のツールではないのです。あくまで、考えるための筋道をつけてくれる道具にすぎません。**


要は、どうやって使いこなすか。

問題を小分けにし、具体的なレベルの論題にまで落とし込んでから、思考を始めてください。


サッカー日本代表の強化問題を考えてみよう

私の経験上、ひとつの大きな問題は、最低でも2つか3つの具体的な論題（○○すべきか、否か）に落とし込むことができます。

ここでちょっとした練習問題を行ってみましょう。

サッカーの日本代表がワールドカップで活躍するには何をすべきか？

このように、解決すべき大きな問題があるとします。でもこのままでは、どこから議論を始めていいかわかりませんよね。そこで、具体的な行動レベル（政策論題）にまで争点をしぼっていくことが必要になってきます。

もし、自分が日本サッカー協会の会長だったら、どう考えていくか？

問題を分析する手法にはいろいろなものがありますが、正式なディベートでは、「リンクマップ」というものを作って考えていきます。**大きな問題から生じる要素を洗い出し、それらをつなげていく（リンクさせていく）ことで、争点をしぼるのです。**

ここでは、そのエッセンスをご紹介しましょう。

まず、「問題」を書き出します。

今回は、「サッカーの日本代表がワールドカップで活躍するには何をすべきか？」ですよね。そこで、日本代表が強くなるための要素を、思いつくかぎり挙げていってください。

監督、選手、選手の選出方法、育成方法、ファン、マスコミ、競技施設、協会の運営……いくつもの要素が考えられるでしょう。

そうしたら、これらの要素のなかで重要だと思うものをいくつかピックアップして、優先順位をつけてください。「日本代表が強くなる」にはどの要素が重要なのか？　主観的な判断でかまわないので、並べてみてください。

私であれば、「監督の強化」「選手の育成方法」「協会の運営方法」という3つの要素を選んで、監督強化、選手育成、協会運営の順に並べるでしょう。

そうしたら、まず「監督の強化」について掘り下げて考えてみます。

「サッカーの日本代表がワールドカップで活躍するには何をすべきか？」という大きな問題が、とりあえず「日本代表が強くなるためには監督をどう強化すべきか？」というところまで小さくなりました。

でも、このままではまだ漠然としていて、具体的ではないですよね。「○○すべきか、否か」までは落とし込めていません。

そこで、どうしたら実際に監督を強化することができるか？　そもそも「監督が強化される」とは具体的にどういった状態を指すのか？　について考えてみる必要があります。

たとえば、サッカー強豪国の監督を連れてきて、日本代表の監督に就任させれば、「監督が強化された」ということになるでしょう。あるいは、弱い国を強くした監督を日本に連れてくるというのも、監督の強化になるかもしれません。

もし監督本人が日本に来てくれなくても、その下で働いているコーチを引き抜くことができれば、最先端の戦術などが日本に「輸入」され、日本人監督の強化につながるでしょう。あるいは、日本人指導者を海外に派遣し、強豪国の監督とともに仕事をさせることで、彼らが有能な監督に育つことも考えられます。

このように、「監督の強化」のためには何をしたらいいかという施策《しさく》（具体的な行動・プラン）をいろいろと考えてみる。

そして、その中からひとつの論題を選び取って、ディベートを行ってみる。

今回の場合だと、たとえば「日本人指導者を海外に派遣すべきか、否か」という議論が可能でしょう。これは、サッカー協会が現時点で手をつけられる施策です。ここではじめて具体的な議論を行うことができます。

監督の強化が、どうやって日本代表の活躍につながるのか？

そうしたら今度は、その施策・プランを取ることで、どういった因果関係を経て、最終的に日本代表が強くなるのかを考えてみましょう。
○○が起こるとつぎに○○が起こる。そうすればつぎに○○が起こるというかたちで、キーワード同士を線でつないでください。「風が吹けば桶屋《おけや》が儲《もう》かる」のように、因果関係をつなげるのです。
はじめは「サッカーの日本代表がワールドカップで活躍するには何をすべきか？」という大きな問題から考えはじめ、つぎに「監督の強化」「選手の育成」「協会の運営」といった要素を挙げ、「監督の強化」のための具体的施策（「日本人指導者を海外に派遣すべきか、否か」）という小さな問題にまでしぼり込んでいきました。

今度は、そのしぼり込んだ論題から起きる展開を考えていって、最初の大きな問題につなげていくのです。問題を一度、収斂《しゅうれん》させたら、拡散する。つなげていく。

さきほどの例でいえば、日本人指導者を海外に派遣するとどういったことが起きるのかを考えていきます。もしそのプランを取ったら、どうなるのか？

まず、派遣された指導者のスキルアップがはかれます。彼らが有能な監督に育っていけば、将来、代表監督として活躍することにもなるでしょう。

また、指導者が海外に行くことで、世界中のさまざまなサッカーチームの戦略やノウハウを学習する機会が得られます。それを日本に輸入することで、日本サッカー全体の底上げもはかれます。さらに、海外指導者・監督とのネットワークを作ることもできるでしょう。そうすれば、有能な監督を代表監督に招聘《しょうへい》することが可能になってきます。

監督だけでなく、選手の育成にもメリットが生じそうです。

たとえば、海外のチームに日本人選手の情報を提供しやすくなります。そうすると、日本人選手が海外チームの目にとまり、移籍することによって、日本代表選手の強化にもつながります。選手のレベルアップにも、このプランは役に立ちそうです。

ちょっと視点を変えてみましょう。

そもそも監督を強化するという行為は、どうして日本代表チームの活躍に影響を与えるのでしょうか。もちろん、監督が良ければ、選手の選出、育成、チーム作り、戦術の指導など、あらゆる面でプラスに働くのはわかります。

しかし、監督のスキルが向上することによって生じるメリットは、これだけにとどまりません。というのも、サッカーはマスコミの報道姿勢や、それに影響を受けるファンの行動によっても変わってくるからです。

質の低いファンは、スタンドプレーを好み、喝采《かっさい》します。すると、選手は基本的にファンが喜ぶことをしたがるので、チームの勝利よりも目立つことを優先するようになります。やたらドリブルしたり、時間稼ぎが必要なシーンで果敢《かかん》に攻めてみたり……。

プロ野球の話ですが、長嶋茂雄はわざと遅く走って、ギリギリでホームベースに滑《すべ》り込み、ファインプレーを演出していたと言います。するとファンは喜ぶ。

たしかに試合は面白くなるでしょうが、チームを強くするという観点から見ると、しんどいですよね。一方、ファンのレベルが高いチームは、試合の面白さだけでなく、チームの勝利を最優先するので、やはり強くなります。

スタンドプレーにはしって、それが原因で得点できなかったり失点したりすると、猛烈《もうれつ》なブーイングが起きます。マスコミも翌日の新聞などでそのプレーを痛烈に批判するので、選手はダメなプレーをしなくなり、結果、チームは強くなっていきます。

有名な「ドーハの悲劇」は、ある選手のロスタイム直前での攻め上がりが原因で生まれましたが、なぜ時間稼ぎが必要なシーンでわざわざ攻めたのか。選手は何を考え、監督は何を指導していたのか。日本のマスコミは「悲劇」を煽るだけで、問題の本質にメスを入れるような報道はほとんどありませんでした。

このように、ファンやマスコミの質が低いとサッカーの強化にはつながらないので、代表監督には、あるべきサッカーの姿をマスコミを通じてファンに伝えるという重要な役割があります。

監督には、直接マスコミと接する、スポークスマンとしての立場もあるのです。

さらに、代表監督は引退すると解説者になるケースが多いので、良い監督はその後も日本のサッカー文化の向上に役立つでしょう。

リンクマップは、論題を見つけるための「地図」

このように考えていくと、「日本代表が強くなる」ための要素のなかで、監督が占める割合はやはり大きいことがわかってきます。

つぎのページの図をご覧ください。このように要素同士をつなげていきながら、大きな問題の全体像を描いてみる。それが「リンクマップ」です。

このような図を描くことでいろいろな争点が可視化され、大きな問題を具体的な論題にまで小分けすることができるようになります。

リンクマップ

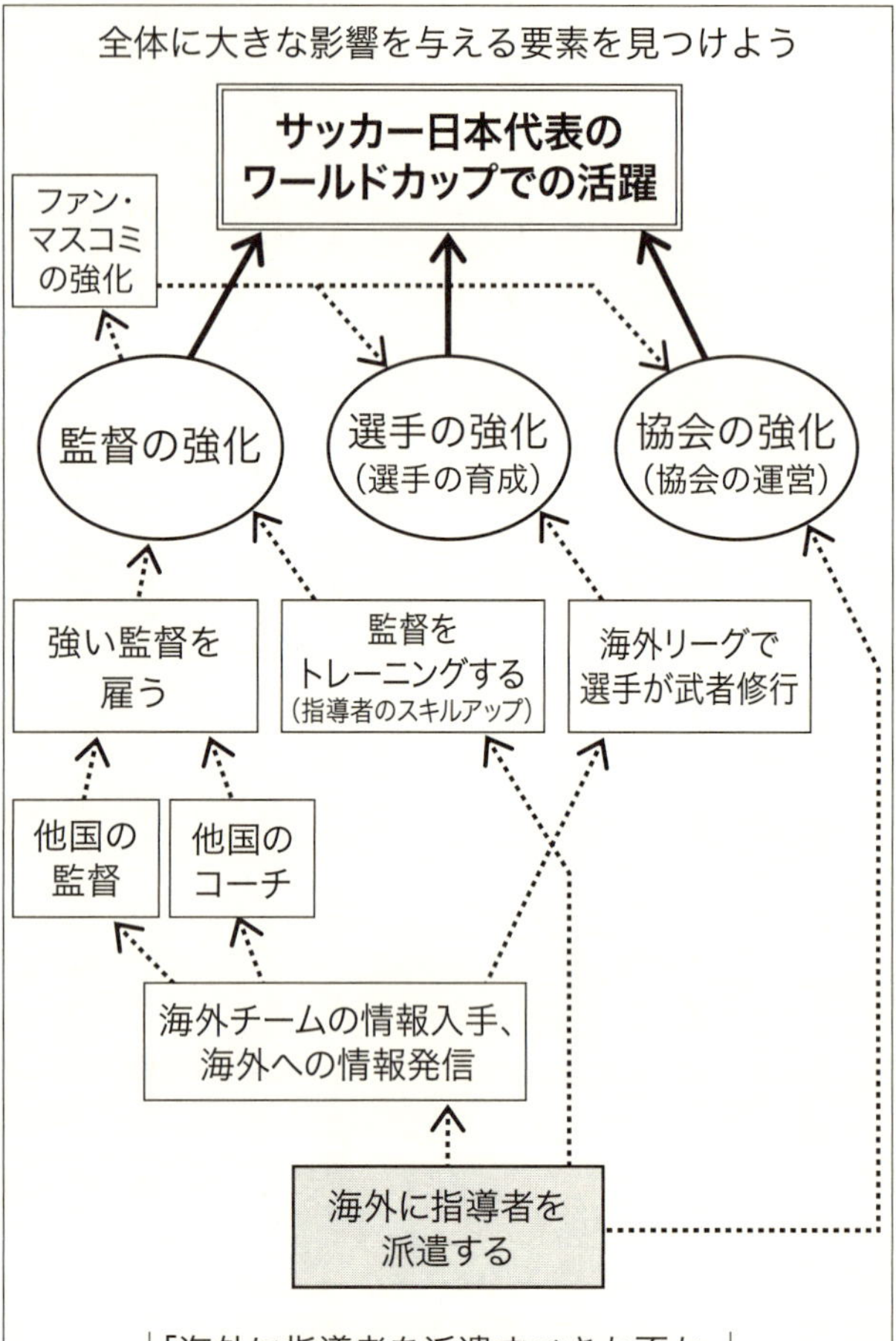

「海外に指導者を派遣すべきか否か」
(派遣を強化すべきか否か)
について議論しよう!

たとえば、「強豪国の監督を招聘する」という施策だけでなく、選手の育成段階から将来の指導者作りを考えるという施策も、リンクマップを見ながら考えていけば出てくるかもしれません。すると、サッカー選手のキャリアプランの再設計といった話も出てくるでしょう。

そこで、「大学サッカーを強化すべきか、否か」といった新たな論題を立ててみる。ディベートを行ってみる。実際、Jリーグのチームや下部組織であるユースからいきなり代表入りするようなクラスでないかぎり、大学サッカーのほうが、長期的なキャリア形成にはプラスだという議論もあるようです。

さて、ここまでは「監督の強化」の問題から考えていきましたが、「選手の育成」「協会の運営」についても同じように考え、いろいろな「争点」を見つけていきます。

このようにやっていくと、「サッカーの日本代表がワールドカップで活躍するには何をすべきか?」といった大きな問題から、具体的な論題がいくらでも出てくるでしょう。

そうしたら、その中で特に議論すべきだと思うものを優先的に2つか3つ選んで、ディベートを行っていけばいいのです。

復習になりますが、論題には「議論に値するもの」で、「明確に結論が出るもの」を選んでください。まずは、「方向性の転換を伴うような大きな枠組み」から考えはじめ、徐々に小さい枠組みについて考えていきます。

ある著名な大学の教授会でいちばん盛り上がったのは、「教室に必要なのは、ホワイトボードか、黒板か」という議論だったそうです。せいぜい数万円の違いでしかないのに、ずっと議論をしている。

ところが、そのあとに続けて行われた「数億円の機材を購入する」という議論は、みんなよくわからないから賛成という流れで、あっという間に終わってしまったそうです。

本当は、数億円ものお金を設備投資に回すべきか否かという議論に時間をかけるべきであって、ホワイトボードか黒板かという話はどうでもいい。明確に結論は出るかもしれないけれど、議論に値するものではありません。

まずは方向性の転換を伴うような大きな枠組みや、そのプランに莫大なお金や時間がかかるものから優先的に考えていってください。サッカーの問題でいえば、「全国の小学校の体育でサッカーを必修にする」「若手出場枠を義務づける」「大学リーグ支援の税制優遇を導入する」などがそれにあたるでしょう。

このように、何か大きな問題について考えなくてはならないときは、問題を小分けにして、同時に2つか3つの「議論すべき論題」について考えていけるように習慣づけてください。

そうすれば、漠然とした問題を「具体的に」考えることができるようになるでしょう。

2時間目で手に入れた「武器」

★論題（テーマ）は、「○○すべきか、否か」にする。

★問題が大きすぎて漠然としているときは、

小分けにして考えよう。
★同時に複数の論題について考えることを習慣にしよう。
★どうでもいい議論に時間をかけることは、もうやめよう。

3時間目 どんなときも「メリット」と「デメリット」を比較する

ものすごくカンタンな考え方

3時間目は、特定の論題（政策論題）をもとにディベートを進めていくとき、どうやって議論を構築していくかについて、説明していきたいと思います。

いよいよ実践ですね。

たとえば、「日本は原発を全廃すべきか、否か」という論題があって、賛成側と反対側に分かれてディベートを行っていくとき、どうやって議論を組み立てていけばいいのでしょうか？

ここでポイントになってくるのが、メリットとデメリットの考え方です。

基本的に、ある具体的な行動を取るか（原発を全廃すべき）、取らないか（原発を全廃すべきではない）を決めるわけですが、どちらの結論に達するかは、ものすごくカンタンな決め方をします。

その行動（原発の全廃）を取ったときに生じる良いこと（＝メリット）と悪いこと（＝デメリット）を比べて、メリットのほうが大きければやったほうがいいし、デメリットのほうが大きければやらないほうがいい。たったそれだけのことなのです。

ディベート思考の考え方
- ある行動を取ったときに生じるメリットとデメリットを比較する

もちろん、メリット、デメリットと一概に言っても、ひとつひとつの重みは違うわけで、そこはちゃんと比較しなければなりません。とはいえ、**日本人にありがちなのが、比較という考え方がないので、デメリットばかりに目がいってしまって、なかなか行動を取れないというパターン**。

たとえば、大学通学のためにバイクの免許を取ろうと思ったとき、電車で行くよりバイクで行ったほうが時間もお金も圧倒的に節約できるのに、親の「事故に遭ったらどうするの!?」というひと言で簡単にあきらめてしまう。

また、政策レベルでも、メディアや市民団体、ＰＴＡなどはデメリットの話ばかりして、

メリットとデメリットを比較する（どちらが重いか？）

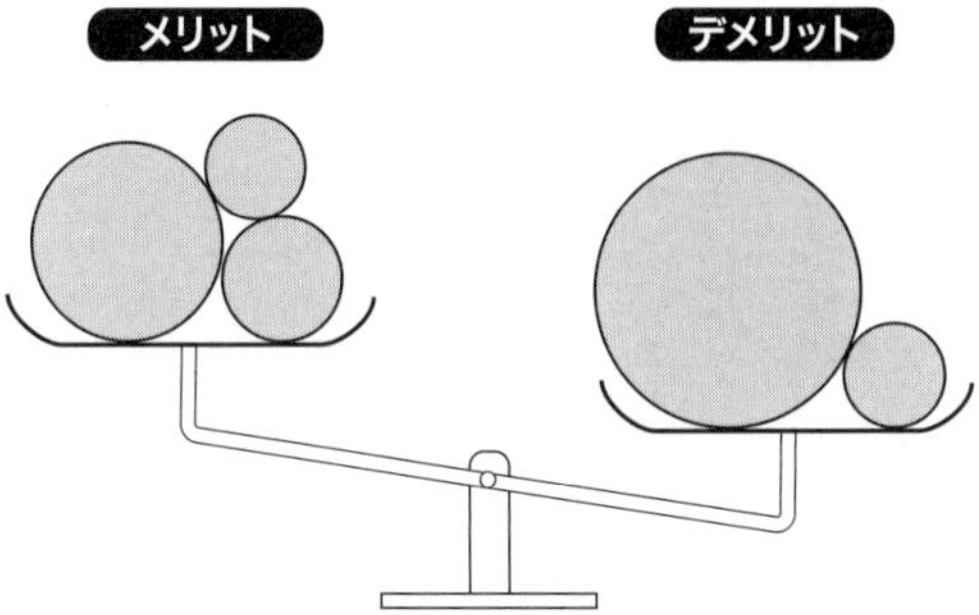

いくらメリットを主張したところでまったく耳を貸そうとしません。

思い当たることがありますよね？

この逆で、メリットしか見ていないことも多々あります。

たとえば金融商品。新聞広告に大きく載っている「おいしい情報（驚愕《きょうがく》の年利14パーセント！）」ばかりに目がいって、隅っこにものすごく小さい字で書かれている「リスク」には無頓着《むとんちゃく》。結局、ダマされることになります。

あるタイプの女の人が相談してくるときも、同様のパターンが多いですね。

「わたし、こうしたいと思っているんだけど、どう思う？」

そういった相談に対して、論理的にメリットとデメリットを比較して、「いや、かくかくしかじかの理由でそれは絶対しないほうがいいよ」などと答えたら、相手はドン引きします。

こういうときはだいたい、相手の中ですでに結論が出ているわけです。メリットばかりに気を取られて、都合の悪い情報（デメリット）は見ないふりか、忘れてしまっていることが多い。

だから、人間関係的には「僕もそう思うよ」と適当に迎合《げいごう》しておけばいいのですが、**意思決定の方法としては完全に間違っています**。

その人がどう思うかなんてことはまったく関係なく、その行動によるメリットとデメリットをちゃんと比較して結論を導き出してあげることが実は本当の親切なのですが、なかなか理解されずにいつも私自身こまっています……。

人の意思決定はゆがむという話を1時間目にしたと思いますが、そういった状況に陥らないために、賛成・反対両方の立場を作って、それぞれメリットとデメリットを出して、それらを比較して決めるという手順が存在しているわけです。

すべてはメリットとデメリットを比較して決める――何度も言いますが、このことはよく覚えておいてください。

メリットが成立するための「3つの条件」

具体的なディベートでは、**賛成側はメリットを提出して、それが反対側のデメリットを上回ることを主張します。反対側はその逆で、デメリットが賛成側のメリットを上回ることを主張することになります。**

では、メリットとデメリットについて、具体的に見ていきましょう。

まずメリットですが、メリットが成立するには、以下の3つの条件が必要となります。

> **メリットの3条件**
> ①**内因性**《ないいん》（なんらかの問題があること）
> ②**重要性**（その問題が深刻であること）
> ③**解決性**（問題がその行動によって解決すること）

内因性や重要性なんて言うとむずかしく聞こえるかもしれませんが、要は問題があって、それは深刻で、その行動を取れば問題が解決するということです。これって、あたりまえのことですよね。

でも案外、ひとつずつチェックしてみるとあやしいことがある。

実際、さきほど挙げた「日本は原発を全廃すべきか、否か」の例で考えてみましょう（※この本のもとになったのは、東日本大震災の前に行われた授業です）。

賛成側の主張

「日本の原子力発電所は、大地震が起きると大爆発する可能性がある。周辺地域の放射能汚染を防ぐために、原発を全廃すべきだ」

賛成側が原発を全廃することによるメリットを主張しているわけですが、これを3つに分けて考えてみましょう。

まず内因性。なんらかの問題があるということですが、この場合どうなりますか？

①日本の原子力発電所は、大地震が起きると大爆発する可能性がある

これが内因性、すなわち「問題」ですよね。原発があることで問題が生じる可能性があるわけです。

では、重要性はどうか？

②大爆発が起きると、周辺地域が放射能に汚染される（結果、多くの人が死ぬ）

問題はかなり深刻ですね。重要性もクリアしているようです。

もし大爆発が起きても他にまったく影響がないということであれば、それはたいした問題ではなく、重要性はないということになります。

最後、解決性はどうか？

③原発を全廃すれば、事故の可能性はなくなる

全廃という行動を取れば大爆発の問題は解決するので、解決性もクリア。これでこの主

張は、メリットの3条件をすべて満たしていることがわかりました（もちろん反論も可能です）。

内因・重要・解決性をチェックする

もう少し身近な例を挙げてみましょう。

深夜にやっている通販番組は、ずっと商品のメリットを説明しています。たとえば、車の傷を直すことができる補修キット。これなんかは、

①あなたの車には小さな傷がついています（内因性）
②傷があると恥ずかしいだけでなく、錆《さび》が広がるきっかけにもなります（重要性）
③この補修キットを使えば簡単に直せます（解決性）

という3条件になります。ふとん圧縮機であれば、

①使わないふとんが押入れの場所を取っています（内因性）

②押入れが狭くなって、他のものが収納できません（重要性）
③この圧縮機でふとんを圧縮すれば、押入れの場所を取らなくなります（解決性）

となるでしょう。

どちらの例もいろいろとツッコミを入れたくなる部分はあると思いますが、一応はメリットの3条件を満たしていることになります。

メリットを考えるときに注意すべき点は、**すでに解決している問題や、放置しておいても解決するような問題ではダメだということ**。

あたりまえの話ですが、そういった問題には内因性が存在していないのです。

たとえば、「あなたの車には小さな傷がついています」と言ったところで、実はもう修理してあったら問題にはなりえません。「あなたの腕には小さな擦《す》り傷があります」と言ったところで、1週間もすれば自然完治するはずなので、やはりこれも問題にはならないでしょう。

つぎに注意すべきなのは、重要性のところ。

「なんとなく問題だ」ではなく、「なぜ問題なのか」「どう問題なのか」をきちんと説明できなければ、重要性をクリアしたことにはなりません。原発が大爆発する可能性があると言ったところで、爆発するとなんか危険じゃない？　ではお話になりませんよね。

最後は解決性のところですが、**その行動によって問題が解決できるかどうかをきちんと検証してください。**

圧縮機でふとんを圧縮したところで、「一枚につき50センチ厚みがあったものが45センチになる」では、問題が解決するとは言えないわけです。

相手を説得する、相手にダマされない

以上のように、メリットには3条件あることを頭に入れて、それぞれの条件を満たしているかどうかをひとつずつ確認していく。

これを習慣にすると、自分で自分の主張が正しいかどうかをチェックできるだけでなく、相手をうまく説得することもできるし、逆にダマされにくくもなります。

相手に「こうしたほうがいいですよ」と言うとき、特に注意すべきなのが重要性の部分です。自分にとっては重要な問題であっても、相手にとってはたいして重要ではないこと

が多いのです。

だから、**相手を説得するときは、相手が何を重視しているかを理解して、それに合った重要性を提示することが必要となってきます。**

たとえば車の例でいうと、「傷があると恥ずかしいですよね」と言ったところで、そんなのを気にするのは日本人だけで、海外の人は傷があっても、汚れていても、たいして気にしません。

そういうときは、「恥ずかしい」という重要性ではなく、「錆が広がる」という重要性に切り替える必要があります。「傷があると錆が広がって、修理にすごいお金がかかりますよ」と言うことで、はじめて相手も「それは困る」となるわけです。

一方、**ダマされないためには、解決性の部分に注意してください。**

相手は「あなたには問題があって、それは大変な問題だ。こうすれば解決するぞ」と言ってきますが、その方法を試したところで、往々にして問題は解決しないわけです。要は、解決性があやしい。なのに、解決性を検証しないで信じてしまう。

典型的なのが、ダイエット食品やダイエット機器でしょう。

減量が成功するには、食生活や生活習慣の改善、体質の問題、適度な運動など、複数の要素があるのに、ダイエット食品やダイエット機器は、「それだけをすれば痩《や》せる！」と言ってきます。

他にも、病気にかかって病院ではなかなか治らないときに、みんな民間療法に飛びついたりしますが、相手は良いことしか言わないので、ちゃんと自分で解決性を検証しないといけません。

レーシックを受ける人が増えていますが、あれだって後遺症に悩まされている人もいるのです。事実、眼科医は、レーシックどころかコンタクトレンズすらしていないことも多い。それはなぜなのか？

ちゃんと解決性の部分に目を向けることを習慣にしてください。

デメリットの3条件

つぎはデメリットです。

デメリットにも3条件あるのですが、これはメリットの裏返しになります。

論題の行動を取ったときに、新たな問題が発生する。その問題は深刻であるが、現状ではそのような問題は生じていない――まとめると以下のようになります。

デメリットの3条件
①発生過程（論題の行動を取ったときに、新たな問題が発生する過程）
②深刻性（その問題が深刻であること）
③固有性（現状ではそのような問題が生じていないこと）

メリットのときは内因性でしたが、デメリットでは「発生過程」という言い方をします。まあ、言葉遣《づか》いなんてどうでもよくて、**覚えておいてほしいのは、新たな問題が生じる過程をきちんと説明するということです。**

ここがちょっとだけ、むずかしいかもしれません。

「日本は原発を全廃すべきか、否か」の例でいえば、原発を全廃することによって、その分の電力を他の発電所（火力、水力発電など）で補《おぎな》わなければならなくなる。しかし、原発以外の発電所だけでは補いきれないため、電力が多く消費されたときには大規模な停電が発生してしまう。

発生過程1　原発の電力を他の発電所で補わなければならなくなる
発生過程2　他の発電所では原発の電力を補いきれない
発生過程3　電力が多く消費されたときには大規模な停電が発生する

この流れが、①の発生過程になります。

原発を全廃することで、停電という新たな問題が生じるわけです。

ここから先はメリットと同じ。「深刻性」という言い方をしていますが、メリットにおける重要性とまったく同じ考え方です。

大規模な停電が起きると、大きな経済損失が生じる。これが②の深刻性になります。停電が起きても他に何も影響がないということであれば、それはたいした問題ではなく、深刻性はないということになるでしょう。

そして③の固有性は、現状では原発があるので電力供給に問題はなく停電は発生しない、ということ。**新たな問題は論題の行動を取らないかぎり生じないということをきちんと説明すればいいわけですね。**

このように、用意した資料や自らの発想を利用して、想像力豊かにストーリーを作ることが、デメリットを考えるときには必要になってきます。

反対側の主張

「原発を全廃すると、その分の電力を他の発電所で補わなければならなくなる。しかし、他の発電所では原発の電力を補いきれないため、電力が多く消費されたときには大規模な停電が発生する可能性が高い。停電による経済的な損失を防ぐために、原発の全廃はやめるべきだ」

まとめると、以上のようなデメリットを、反対側の立場になったら主張することになります。

2位じゃダメな理由を説明せよ

前に少し事業仕分けの話をしたので、そこから例をとってみましょう。

ある民主党議員が「(世界で) 2位じゃダメなんでしょうか?」と指摘して話題になった

スーパーコンピュータ（スパコン）の事業仕分け問題。

この場合、「スパコンの予算を削減すべきか、否か」という論題になるわけですが、反対側はデメリットをどう主張したらいいでしょうか。

①予算を削減すると、スパコン世界一を目指せなくなります（発生過程1）
↓科学者たちは目標を失って、やる気がなくなります（発生過程2）
↓科学者のやる気がなくなると、科学技術の発展が遅れます（発生過程3）
②科学技術の発展が遅れると、日本の経済損失につながります（深刻性）
③現状では予算がちゃんとあるので、スパコン世界一を目指せます（固有性）

どうでしょう？　なんとなくデメリットの説明の仕方がわかってきたのではないでしょうか。

デメリットを考えるときに注意すべき点は、くり返しになりますが、まず発生過程のところでしっかりとしたストーリーを組み立てるということです。

そのためには、論題の行動を実行したらどんな悪いことが起こりそうか、資料や想像力を駆使して、いろいろと考えてみなければなりません。

つぎに注意すべきなのは、深刻性の確認です。

メリットにおける重要性とまったく同じで、「なんとなく問題だ」ではなく、「なぜ問題なのか」「どう問題なのか」をきちんと説明できなければ、深刻性をクリアしたことにはなりません。

最後に固有性の確認。

①の新たな問題が他の理由ですでに起きていないか、しっかり確認することが必要になってきます。スパコンの例でいえば、実はすでに行われた人員削減によって科学者たちのやる気がなくなって、科学技術の発展が著しく遅れていた、なんてことがよくあるのです。

少しわかりづらいので、他の例も挙げてみましょう。

たとえば、転職のデメリットとして、新たな業界や職種で一からスキルを身につけないといけないという「新たな問題」があるでしょう。でも、実は転職しなくても、時代の変化によっていままでのスキルが役立たなくなっているとするなら、新しいスキルを一から身につけないといけないという問題は、転職に関係なく起きていることになります。

つまり、固有性がないということになるのです。

「機会費用」という考え方

機会費用の問題も忘れてはいけないでしょう。

これは、けっこう見落とされがちな「隠れたデメリット」なので、細心の注意が必要になってきます。

機会費用とは、「その行動を取らなければ実現できるはずだったことができなくなってしまうこと」を言います。

これだけではよくわからないと思うので、具体例を挙げてみましょう。

たとえば、就職せずに大学院に進学することのデメリットを考えるとき、「就職していれば実現できるはずだったことができなくなってしまうこと」が機会費用になります。毎月給料をもらうというのもそうですし、社会人としての成長も機会費用に挙げることができるでしょう。

他にも、住宅ローンを組むことのデメリットとしては、その分のお金を使って何か他のことができる可能性があったわけで、それができなくなることが機会費用になります。

住宅ローンが会社の保証付きだったりすると、会社に縛られて転職がなかなかできなくなるので、それを機会費用に挙げることもできるでしょう。

その場合、デメリットの3条件は以下のようになります。

①住宅ローンを組むと、良い転職のチャンスがあっても、なかなか転職できない
②キャリアアップができないので、問題は深刻だ
③住宅ローンを組まなければ、会社に縛られることはなく、いつでも転職できる

練習問題「Aくんは就活を続けるべきか、否か」

さて、メリット、デメリットの考え方をひと通りおさえたところで、練習問題を行ってみましょう。

2時間目のところで出てきたAくんの例を少し変えたものです。

Aくんは就職活動を行うものの、第二志望群のX社からしか内定をもらうことができていません。すでに時期は大学4年生の夏。X社からは、入社前研修やインターンのオファーが届いています。

Aくんはもう就活をやめてもいいかなと考えはじめています。でも、もうちょっと続けたほうがいいかもしれないとも思っていて、悩んでいました。

では論題。

「Aくんは就活を続けるべきか、否か」

学生にとってはよくある実例なのではないでしょうか。

この状況で考えられるメリットとデメリットを、それぞれ3つずつ挙げてみてください。時間は5分。頭の中で考えるのではなく実際に紙に書いてみて、3条件をクリアしているかどうか、ちゃんと確認してください。

考える時間：5分間

タイムアップです。

では、私の解答を。決してこれが正解というわけではなく、あくまでこういった答えが一例として考えられるという話ですからね。

まずは賛成側のメリットですが、私は以下の3つを考えてみました。

Aくんは就活を続けるべきだ！　なぜなら――

・X社よりも、より良い会社に就職できる
・就活自体を成長の機会として活用できる
・他の内定が取れなかったとしても、就職先への納得感が高まる

就活を続ければ、X社よりも良い会社から内定をもらえるかもしれません。

また、就職活動はしんどいものですが、多種多様な業界・会社の人と会うことで勉強になるし、いろいろ悩むことで人間としての成長の機会になったりもします。

さらに、就活を続けて他に内定がもらえなかったとしても、「これだけ頑張ってダメだったんだから、もう腹をくくってX社で頑張ろう！」と思うようになります。もし途中で就活をやめてしまえば、「この会社で本当によかったのだろうか……」とずっと悩むことになるかもしれません。

では、それぞれのメリットについて、3条件を満たしているかどうか、確認してみましょう。メリットの3条件は、

①**内因性**（なんらかの問題があること）
②**重要性**（その問題が深刻であること）
③**解決性**（問題がその行動によって解決すること）

でしたね。

まず、「X社よりも、より良い会社に就職できる」。

これはどうなるでしょうか？

就活を続けないかぎり、X社より良い会社に就職することはできません。これを問題（内因性）だと捉えました。

では、それは深刻な問題か？　重要性があるのか？　仕事選び、会社選びは人生を左右する問題ですから、重要に決まっていますよね。

解決性はどうか？　就活を続ければより良い会社にめぐり合うことができるので、どうやら問題は解決できそうです。

もちろん、「就活を続けたって、もっと良い会社から内定をもらえるとはかぎらないじゃないか！」とツッコミを入れたいのはわかります。そういった「反論」については、つぎの時間にちゃんと説明するので、ここでは3条件を満たしているかどうかだけをシンプルに考えてみてください。

ではつぎ、「就活自体を成長の機会として活用できる」はどうですか？

就活をやめてしまえば成長の機会はそこで終わります。それを問題だと捉えました。

それは深刻な問題か？　そこで成長が止まってしまうので深刻だと言えます。これは「機会費用」の一例でもありますね。

就活を続ければ、さらなる成長の機会が多々あるので、問題は解決します。3条件を満たしていると言えそうです。

最後、「他の内定が取れなかったとしても、就職先への納得感が高まる」はどうでしょうか？

就活をやめてしまえば、X社でよかったのだろうかという気持ちがいつまでも残ります。これを問題だと捉えました。

それは深刻な問題か？　いざ就職して仕事を始めても、まったくやる気が出ない可能性が高いし、すぐに転職を考えてしまうかもしれません。これは深刻な問題だと言えるでしょう。

で、就活を最後の最後まで続ければ、そういったモヤモヤは消えるから、問題は解決する。3条件をすべてクリアすることになりますね。

メリットとデメリットは表《おもて》裏《うら》の関係

ここまで見てきて、みなさんはひとつの疑問を持たれているかもしれません。

「メリットについて考えているのに、なんかデメリットを考えているみたいだ」

その通り。就活を続けることのメリットを考えていますが、3条件について見ていくと、就活をやめることのデメリットを考えているかのような錯覚に陥ります。

くり返すように、メリットとデメリットは表裏の関係なので、当然こういったややこしいことが起きてきます。機会費用はデメリットの一例として説明したのに、なんでメリットのところに出てくるのか、混乱して当然でしょう。

ここで整理してみると、「原発を全廃する」みたいに、現状を大きく変える行動についてのメリットは、「現状を続けたときに起きる問題」を内因性として扱うことになり、「就活を続ける」みたいに、現状を持続させる行動についてのメリットは、「現状を持続させない（やめた）ときに起きる問題」を内因性として扱うことになります。

いや、こうして説明してみると、やっぱりややこしいですね……。

でも、少し慣れればカンタンなことです。本書を読んでいくことで、カラダで覚えていきましょう。

就活を続けるデメリット

ではつぎに、反対側の立場に立った主張を考えてみましょう。デメリットの説明になります。

Aくんは就活をやめるべきだ！　なぜなら――

- 就活を続けることで、さらに多くの時間を消費することになる
- 就職先が確定しないことで、精神的に落ち着かない期間が続く
- 研修やインターンに集中できないので、入社後のパフォーマンスや評価に悪影響が出る

さあ、これらの主張はデメリットの3条件を満たしているでしょうか。冗長《じょうちょう》にならないよう、簡潔に解説していきますね。

> **デメリットの3条件**
> **①発生過程**（論題の行動を取ったときに、新たな問題が発生する過程）
> **②深刻性**（その問題が深刻であること）
> **③固有性**（現状ではそのような問題が生じていないこと）

まず、「就活を続けることで、さらに多くの時間を消費することになる」。

これはもうそのままですね。就活を続けることで、「さらに多くの時間を消費する」という新たな問題が発生します。それは大学4年の夏という、卒論の準備・作成などもしなければならない貴重な時間を無駄にすることなので深刻な問題です。で、いまはまだ「さらに多くの時間を消費する」という問題は起きていないけれど、就活を続けることでその問題が起きるわけで、この主張はデメリットの3条件をすべてクリアしていると言えるでしょう。

「就職先が確定しないことで、精神的に落ち着かない期間が続く」はどうか？

就活を続けることでX社以外からも内定をもらえるかもしれず（もらえないかもしれず）、とにかくモヤモヤして精神的に落ち着かないという問題が生じます。

就活生であれば、リアルにイメージできるのではないでしょうか。この本の担当編集者は就活中まさに似たような経験をして、円形脱毛症になったと言っていました。それくらい深刻な問題だということです。

で、こういった問題は就活を続けるから起きるわけで、やめてしまえば起こりません。やはりこれも、３条件をしっかり満たしていると言えますね。

最後、「研修やインターンに集中できないので、入社後のパフォーマンスや評価に悪影響が出る」はどうでしょうか？

就活を続けることで、時間的にも精神的にも、研修やインターンに集中することができません。場合によっては、風邪《かぜ》だとウソをついて、研修を休んで他の会社の面接に行かなければならないかもしれないですよね。そういった新たな問題が生まれてくるわけです。

そうすると、研修やインターンでの評価を配属の参考にしたりする会社の場合、Aくんにとてつもない悪影響を及ぼします。

でも、就活を続けなければ、そういった問題は起こらない。条件はすべてクリアしていることになります。

どうでしょうか？

賛成と反対、両方の立場でメリットとデメリットを考えていくことのイメージがだいたいつかめてきたのではないでしょうか。

Aくんの立場でいえば、就活を続けることのメリットとデメリットをこのようにいくつか挙げていって、「就活を続けるべきか、否か」をじっくり考えていくことになります。

もちろん、3つずつ挙げたメリットとデメリットには、「本当にそうかな？」といったところが多々ありますよね。

それを、つぎの時間では検証していくことにします。

ひとつずつ検証し、反論を重ねていくことで、「就活を続ける」のか？　それとも「就活

をそこでやめる」のか？　どちらかの結論に近づいていくのが、ディベートの考え方になります。

3時間目で手に入れた「武器」

★「メリット」と「デメリット」を比較しよう。

★メリットとデメリットには、それぞれ3つの条件がある。

★主張が3条件を満たしているかどうか、しつかりチェックしよう。

反論は、「深く考える」ために必要なもの

反論に対する大誤解

この時間では、3時間目で考えたメリット、デメリットに対して、どうやって反論を加えていくか、その方法について説明していきます。

反論というと、すぐに相手を論破することをイメージしてしまいがちですが、ディベートの目的は論破することではないということはすでにお話ししましたよね。

反論は、メリットとデメリットが本当に正しいかどうかを検証するために必要になってくる手順だと考えてください。

つい先日、飲み屋で見かけた光景ですが、営業マン風のサラリーマンふたりが喧嘩腰でこう言い合っていました。

「先輩は間違ってますよ。僕はいまの営業のやり方を変えるべきだと思うんです」

「お前はぜんぜんわかってない！　営業はなあ、やるかやらないかなんだよ。うだうだ言ってないで、やればいいんだよ」

「だから先輩は古いんです。たまには僕の意見も聞いてくださいよ」

「先輩に反論するまで偉くなったのか？　だからお前はダメなんだよ」

私はとなりでうんざりしながらその会話を聞いていました。大きな声で怒鳴り合っていたので、イヤでも耳に入ってきます。

その後ふたりは、ずっと無言でにらみ合っていました。

これ、ぜんぜん議論になっていませんよね（まあ当然ですが……）。

まず後輩は、営業のやり方を変えたいと思っているなら、具体的に「○○すべき」と言わなければなりません。それに対して先輩は、後輩の主張のどこが間違っているか、ちゃんと答える必要があります。

それが「反論」です。

口答え＝反論ではないのです。

外国人はよく「I disagree（私はあなたの意見に反対だ）」という言い方をして、相手の意見が間違っているということを論理的に否定しますが、**日本人がこれをやると、「生意気**

だ」「人格を否定された」と相手に思われてしまいます。

でも、あくまで否定しているのは「相手の意見や主張」であり、「相手の人格」ではありません。

外国人はそれがわかっているので、さっきまですごい形相《ぎょうそう》で言い合っていたのに、議論が終われば何食わぬ顔で一緒にランチを食べにいったりします。日本人はその逆で、「もうお前とは二度と話すか！」といった顔をして、会議室を出て正反対の方向に歩き出したりします。

この授業で、きちんとした議論の風土を育てていきたいものです。

まずはツッコミを入れよう

ではさっそく、具体的な反論の方法について説明していきましょう。

反論の考え方も、シンプルかつカンタンです。

メリット、デメリットの3条件がありましたよね。**そのひとつずつに対して、反論を加えていけばいいのです。**

ディベート思考の考え方
●反論は、メリット・デメリットの3条件に対して行う

メリットでいえば、「内因性」「重要性」「解決性」の3つがありましたよね。3時間目に挙げた、ふとん圧縮機の例で見てみましょう。

このふとん圧縮機を買うべきだ。なぜなら——
①使わないふとんが押入れの場所を取っています（内因性）
②押入れが狭くなって、他のものが収納できません（重要性）
③この圧縮機でふとんを圧縮すれば、押入れの場所を取らなくなります（解決性）

さあ、これらにそれぞれ反論を加えてみてください。まずはツッコミを入れるような感じでかまいません。論理的に反論する方法は、のちのち説明していきます。

①使わないふとんが押入れの場所を取っています（内因性）

↓　冷静に考えると、それほど場所を取っていないんだけど
↓　押入れはふとんしか収納していないから、そもそも邪魔じゃないんだけど

②押入れが狭くなって、他のものが収納できません（重要性）
↓　他のものが収納できなくてもこまっていませんが
↓　押入れは十分広いので、他のものも収納できて、特にこまっていないよ

③この圧縮機でふとんを圧縮すれば、押入れの場所を取らなくなります（解決性）
↓　ふとんを圧縮したくらいではあまり変わらないのでは
↓　本当にそこまで圧縮できるのか。綿が少ないふとんで実験しているだけなのでは

これが「反論」です。

相手が挙げるメリットの3条件に対して、それぞれ「そんな問題はそもそもないのでは？」「問題だとしても、たいした問題ではないのでは？」「重要な問題だとしても、その方法では解決しないのでは？」などとツッコミを入れることができれば、反論になります。

相手の主張は破綻《はたん》することになるのです。

ただの口答えが反論ではない理由がわかりますよね。

口答えは脊髄反射で言っているだけで、相手の主張のどこを崩すためのものか、言っている本人もわかっていないのです。

相手の主張を崩すときだけでなく、自分の主張を検証するときにも、この反論の考え方を使ってください。なんらかの行動のメリットについて考えるとき、「それは本当か?」と、3条件ひとつずつをしっかりチェックしていってほしいのです。

もし自分でカンタンに反論ができてしまえば、そのメリットはあやしいということがわかります。

読書は格闘技だ!

では同様に、デメリットの3条件(「発生過程」「深刻性」「固有性」)についても反論を加えてみましょう。3時間目に出てきた、事業仕分けの例です。

スパコンの予算を削減すべきではない。なぜなら――

①予算を削減すると、スパコン世界一を目指せなくなります（発生過程1）
↓ 科学者たちは目標を失って、やる気がなくなります（発生過程2）
↓ 科学者のやる気がなくなると、科学技術の発展が遅れます（発生過程3）
②科学技術の発展が遅れると、経済損失につながります（深刻性）
③現状では予算がちゃんとあるので、スパコン世界一を目指せます（固有性）

さあ、どうでしょうか？　実際に紙に書いて（もしくは本の余白に書き込んで）、それぞれの条件にツッコミを入れてください。

読書とは格闘技です。さらっと読んで終わりにするのではなく、著者の言っていることを1ページ1ページ、咀《そ》嚼《しゃく》しながら読んでいってください。疑問点があれば立ち止まり、「どこがどう疑問なのか？」を自分の頭でじっくり考えてみる。前の章にさかのぼって、もう一度考え直してみる。そういった読み方を、この本ではしてみてください（咀嚼する読書法については、星海社新書『仕事をしたつもり』に詳しい説明があります。若いビジネスマンは必読です。なお、訓練で読書速度そのものを上げたい人は、私の名前と速読の組み合わせでググってみてください）。

というわけで、ここで5分間、みなさんにはじっくり思考してもらいたいと思っています。

考える時間：5分間

時間がきました。では、私の反論例（ツッコミ例）を挙げてみましょう。

①予算を削減すると、スパコン世界一を目指せなくなります（発生過程1）
　↓　予算を削減しても、世界一は目指せるのではないか
科学者たちは目標を失って、やる気がなくなります（発生過程2）
　↓　他の目標があればいいのではないか
科学者のやる気がなくなると、科学技術の発展が遅れます（発生過程3）
　↓　やる気がなくなると発展が遅れるというのは短絡的ではないか
②科学技術の発展が遅れると、経済損失につながります（深刻性）

↓　経済損失といっても、たいした額ではないのではないか

③現状では予算がちゃんとあるので、スパコン世界一を目指せます（固有性）

↓　予算があっても、世界一は無理なのではないか

これくらいの反論は、誰にだってできますよね。当然、予想される展開なわけです。こういった反論に対してさらに反論を加えていくことがディベートでは重要なわけですが、**事前に準備しておかないと、なかなかその場では対処することができません。**

議　員「（世界で）2位じゃダメなんでしょうか？」
役　人「科学者の目標がなくなって、やる気がなくなってしまいます」
議　員「他の目標があればいいのではないですか？」
役　人「まあ、そうですが……」

往々にして、こんな展開になってしまいます。だからディベートでは「事前の準備が8

割」だと言ったのです。
とにかく、メリットとまったく同じで、相手が挙げるデメリットの3条件に対して、それぞれ**「新たな問題は生じないのでは？」「問題が生じたとしても、たいした問題ではないのでは？」「重要な問題だとしても、すでにその問題は生じているのでは？」**などとツッコミを入れることができれば、反論が成り立ちます。

ツッコミ上級編

みなさんが反論の達人になれるよう、メリット・デメリットへの反論について、もう少し細かく見ていきましょう。ツッコミ上級編。論理的に反論を加えていくために、必ずおさえておいてほしいポイントになります。
まずメリットへの反論は、以下の6項目をしっかり意識してください。

〈内因性への反論〉＝ そんな問題はそもそもないのでは？
①プラン（論題の行動）を取らなくても問題は解決する
②そもそも現状に問題はない

〈重要性への反論〉＝　問題だとしても、たいした問題ではないのでは？

③質的に重要ではない

④量的に重要ではない

〈解決性への反論〉＝　重要な問題だとしても、その方法では解決しないのでは？

⑤プランを取っても別の要因が生じるため、問題は解決しない

⑥プランは問題の原因を正しく解決しない

デメリットの場合は、以下の6項目になります。

〈発生過程への反論〉＝　新たな問題は生じないのでは？

①プランだけではデメリット発生にはいたらない（他の条件が必要）

②プランの影響はデメリット発生にいたるには弱すぎる

〈深刻性への反論〉＝問題が生じたとしても、たいした問題ではないのでは？
③質的に問題ではない
④量的に問題ではない

〈固有性への反論〉＝重要な問題だとしても、すでにその問題は生じているのでは？
⑤プランを取っていない現状でも問題は起こっている
⑥プランを取らなくても、将来、同様の問題が起きる

こう一気に挙げると「考えることが多すぎて無理！」と感じてしまうかもしれませんが、どれもそんなにむずかしいことではありません。細かく場合分けしただけで、慣れれば自然にできてしまうことばかりです。

ここで再び、練習問題を行ってみましょう。**実践で身につけ、磨いていくのが〝武器としての教養〟です。**3時間目を再読しながら、つぎの問題について自分なりの答えを出してみてください。

練習問題

「Aくんは就活を続けるべきか、否か」という論題に対する、賛成側と反対側の主張は以下のようになった。それぞれの主張におけるメリット・デメリットの3条件に対して、先に挙げた6項目に注意しながら反論を加えよ。

Aくんは就活を続けるべきだ！　なぜなら――

・X社よりも、より良い会社に就職できる
・就活自体を成長の機会として活用できる

Aくんは就活をやめるべきだ！　なぜなら――

・就活を続けることで、さらに多くの時間を消費することになる
・就職先が確定しないことで、精神的に落ち着かない期間が続く

考える時間：20分間

論理的に反論する方法

20分が経ちました。みなさん、できたでしょうか？

時間はかかりますが、復習を交えながらひとつずつ見ていくことにしましょう。

まず、「X社よりも、より良い会社に就職できる」という賛成側の主張について。3時間目では、メリットを以下のように整理しましたね。

> **内因性**：就活を続けないかぎり、X社より良い会社に就職することはできない
> **重要性**：仕事選び、会社選びは人生を左右する重要な問題だ
> **解決性**：就活を続ければ、より良い会社にめぐり合うことができる

内因性への反論は、①プランを取らなくても問題は解決する、②そもそも現状に問題はない、の2つの方向で考えていきます。

①だと、就活を続けなくても、X社より良い会社に就職することができるかどうかを考えてみればいいのです。

それは無理だと思うかもしれませんが、たとえばX社で実績を挙げれば、もっと良い会

社に転職できる可能性が出てきますよね。転職を視野に入れれば、この内因性はあやしいということになってきます。

②の方向はどうか?

「X社より良い会社」と言っていますが、実はX社は十分すばらしい会社で、そのことに気づいていないだけという反論が可能になります。

就活では、会社の知名度や規模にしか目がいっていないことが多々ありますよね。小さくても良い会社はいくらでもありますし、逆に大きくてもダメな会社、いずれ業績が悪化しそうな会社はいくらでもあるわけです。だからそこを突いていく。

どうでしょう。**ただ漠然とツッコミを入れるのではなく、論理的にツッコミを入れていく感じがおわかりいただけるのではないでしょうか?**

ではつぎ、重要性への反論です。

③質的に重要ではない、④量的に重要ではない、の2つの方向で考えていきましょう。

これは少しむずかしいかもしれません。

仕事選び、会社選びは人生を左右する問題だと言っていますが、そんなことはないとい

うことを、質と量の両面から考えてみる必要があります。

質的にいえば、「人生の充実度はプライベートで決まるので、ある程度以上の給料をもらえる会社であれば、あまりどこも大差ないのではないか。仕事や会社で人生が大きく変わるという考え方自体がおかしい」と、その価値観にツッコミを入れることができるでしょう。

量的には、「たしかに会社選びで人生は変わるかもしれないけれど、その差はあまりにも小さすぎる」というツッコミが可能です。ヤマト運輸と佐川急便、パナソニックとソニー、電通と博報堂、どちらに就職したところで、人生が大きく変わるまではいかないのでは、ということです。

そして最後、解決性への反論はどうなるでしょうか？

就活を続ければ、より良い会社にめぐり合うことができると主張していますが、これに対して、⑤プランを取っても別の要因が生じるため、問題は解決しない、⑥プランは問題の原因を正しく解決しない、といった2つの方向性での反論が考えられます。

まず⑤の方向でいえば、たとえばX社からの拘束《こうそく》（研修やインターン、法的な縛り）などがあって、就活を続けたところで他の会社からの内定をもらうことは不可能だといった反論が可能でしょう。

⑥の方向はどうか？　Aくんは就活を4年生の夏まで頑張りましたが、第二志望群のX社、一社からしか内定をもらえていません。つまり、あまり就活に強いタイプではない。ということは、いくら就活を続けたところで、もっと良い会社から内定をもらえる可能性はかぎりなく低いのではないか、と反論することができます。

就活を続けたって成長できない！

さあ、どんどんいきましょう。

つぎは、「就活自体を成長の機会として活用できる」といった賛成側の主張に対する反論です。3時間目では、メリットを以下のように整理しました。

> **内因性**：就活をやめてしまえば、成長の機会がなくなる
> **重要性**：そこで成長が止まってしまうので問題は深刻だ
> **解決性**：就活を続ければ、さらなる成長の機会が多々ある

まず、内因性に対しては、
①就活を続けなくても、他に成長の機会はいくらでも考えられる
②就活による成長はすでに十分できていて、問題はない
といった反論が可能でしょう。
重要性に対しては、
③代わりに学業に専念したほうがより成長できる
④就活による成長なんて、たかがしれている
といった反論。
さらに解決性に対しては、
⑥就活を続けても似たような経験をくり返すだけで、たいして成長しない
といった反論が考えられます。

少し駆け足になりますが、138~139ページのリストを見返しながら、しっかりついてきてくださいね。

「あれ？　⑤が抜けてるじゃないか！」と思われるかもしれませんが、毎回①〜⑥すべての反論が出てくるというわけではありません。

ツッコミ上級編は、３条件に対して、それぞれ２つの方向から考えていきましょう、ということです。当然、ひとつの方向からしか反論できないこともあるし、場合によっては、２つの方向ともに反論できないこともあります。

この時間のはじめに、「反論は、メリットとデメリットが本当に正しいかどうかを検証するために必要になってくる手順」だと説明しましたが、**まったく反論が思いつかないときは、それは反論しようがない正しいことだということです。**

反論が思いつくときは、「それは正しくないかもしれない」ということなので、もう一度、メリット・デメリットの内容について考え直す必要が出てくるでしょう。

これが、「反論」というものが必要になってくる大きな理由になります。

デメリットへの反論

ではつぎに、反対側の主張に対しても反論を加えていきましょう。

「就活を続けることで、さらに多くの時間を消費することになる」――デメリットの３条件は、以下のように整理しましたね。

発生過程：就活を続けることで、さらに多くの時間を消費する
深刻性：大学4年の貴重な時間を無駄にすることになるので問題は深刻だ
固有性：就活を続けないかぎり、さらに多くの時間を消費することはない

まず発生過程に対する反論は、①プランだけではデメリット発生にはいたらない（他の条件が必要）、②プランの影響はデメリット発生にいたるには弱すぎる、の2つの方向性が考えられます。

この場合、どうなるでしょうか？

①は、時間をまったく使わずに就活をすることは不可能なので、反論しようがないですね。でも、②の方向なら反論は可能です。

もうAくんは就活に十分慣れているので、最初の頃は5時間かかっていたエントリーシートが、コピペを多用して1時間もあればできてしまう。つまり、時間はたいして消費しないのでは？　といった反論ができるでしょう。

つぎは深刻性に対する反論。③質的に問題ではない、④量的に問題ではない、ということが言えればいいわけですが、どうでしょうか？

③は、就活をやめてもどうせ遊ぶだけなんだから、質的に「貴重な時間」とは言えないのでは？　といった反論が可能です。

④は、就活を続けたところでせいぜい一日数時間程度であって、他に特にやることもない学生にとってはたいした時間じゃない、という反論ができるでしょう。時間は食うが、全体の時間から見れば、量的に「貴重な時間」ではないわけです。社会人が働きながら転職活動をするのとはわけが違います。

最後に固有性への反論は、⑤プランを取っていない現状でも問題は起こっている、⑥プランを取らなくても、将来、同様の問題が起きる、という2つの方向性が考えられます。

どうでしょうか？

⑤は、ちょっと反論がむずかしいかもしれません。

⑥は、就活を続けなくても、就活を理由に断ってきたさまざまな雑用が回ってくるので、結局、自由な時間は増えない可能性がある、といった反論が可能でしょう。

モレなく、ダブりなく

では、最後の問題です。

「就職先が確定しないことで、精神的に落ち着かない期間が続く」デメリットの3条件は以下のようになります。

発生過程：就活を続けると就職先が確定しないので、精神的に落ち着かない時期が続く
深刻性：ストレスがたまるので問題だ
固有性：就活を続けないかぎり、精神的に落ち着かない時期が続くことはない

だいぶ解説が長くなってきたので、少し駆け足で反論していきましょう。

①内定ゼロならそうかもしれないが、ひとつは持っているので、落ち着かなくなることはないのでは？

②就職先が確定しなくても、精神的に落ち着かなくなるようなことはない

③ストレスを感じながら頑張ることで、むしろ成長の機会になるのでは？

④大騒ぎするほどのストレスじゃない
⑤第一志望から内定をもらえなかったので、常にストレスを感じている
⑥就活をやめたら、今度は「X社で本当にいいのか?」という不安が襲うはず

以上のような反論が、一例として可能になります。


なんだかむずかしいと思う人も多いかと思いますが、**大事なことは、「できるかぎり多くの視点から自分の意見や相手の主張をチェックする」ということです。**

反論というのは、それが正しいかどうかをチェックすることに他なりません。

ディベート思考を学ぶ前は、漠然と「○○すべきだ」「○○すべきではない」と言っていたのではないでしょうか?

その根拠は、どれくらいあったのでしょうか?

その根拠を、自分でも検証してみたのでしょうか?

実際、これだけの視点からチェックすることができるようになれば、考えなかった要素はかぎりなく少なくなります。

より客観的で正解に近い意見・主張（いまの最善解）を作ることができるようになるのです。

このことを、ロジカルシンキング（論理的思考）の世界では「MECE《ミーシー》」と言います。よく出てくる言葉なので、聞いたことがある人も多いでしょう。

Mutually Exclusive and Collectively Exhaustive.

訳すと、「モレがなく、ダブりもない」ということです。

いかに、モレもダブりもないような、より正しい意見を構築するか？　そのためのツッコミだということを忘れないでください。

反論の細かいやり方なんてものは、この授業を終えたら、きれいさっぱり忘れてしまってもかまいません。**覚えておいてほしいのは、意見・主張には必ず根拠が必要だということであり、そしてその根拠は、反論に耐えたものでなければいけないということです。**

そのための3条件であり、ツッコミなのです。

つぎの時間では、「議論における正しさ」について、もう少し突っ込んで説明していきたいと思います。

★反論は、メリット・デメリットの3条件に対して行う。

★読書は格闘技だ！

★論理的にツッコミを入れて、主張が正しいかどうか検討しよう。

議論における「正しさ」とは何か

この時間までの「復習」

ここまでの授業で、ディベートの流れやベーシックな考え方はだいたいつかめてきたのではないでしょうか。

まとめると、以下のようになります。

まず、「○○すべきか、否か」という論題を立てる。

そうしたら、賛成側と反対側に分かれて、それぞれ主張（メリットとデメリット）を出し合います。メリットとデメリットにはそれぞれ3条件があって、それらをすべてクリアしていないと主張は成り立ちません。

主張が出そろったら、つぎに反論を加えていきます。賛成側は反対側のデメリットに対して、反対側は賛成側のメリットに対して、ツッコミを入れていきます。

ここで大事なのは、漠然と反論するのではなく、メリットとデメリットの3条件に対してきちんと反論するということ。細かく分けると、それぞれ6つの方向からの反論が可能になります。

ここまでが2～4時間目のおさらいですね。

このあとの流れとしては、反論に対してさらに反論を加えていき、もうこれ以上おたがい反論できないというところまで突き詰めていったら、最後に審判による判定を行って、どちらの主張が正しいかを決めていきます。

ここできちんとおさえておかなければならないのが、何をもって「正しい」と言えるかということです。議論における正しさとは何か?

この時間では、ディベートの具体的な流れからは少し外《はず》れて、そこらへんのことを重点的に説明していきたいと思います。

「正しい主張」の条件は何か?

1時間目に私が言ったことを思い出してください。

ディベートでは、相手を説得するのではなく、第三者である審判を説得しなければならないという話をしました。

彼ら審判は「根拠の優劣」をもって、どちらが正しいかを判断します。

言い換えると、「誰が」言ったかではなく「何を」言ったかということです。

素人の意見だろうが、その人の発言のロジックが正しければ採用するし、専門家であっても、言っている内容がむちゃくちゃであれば負けになります。

要は「俺はそう思う」「みんながそう言っている」じゃダメなわけです。

同様に、「あの人はいつもいいことを言っているから、今回もいいことを言っているに違いない」とか、「あいつは嫌《いや》なヤツだから信用できない」といった判断もナンセンスです。

好き嫌いや実名匿名《とくめい》、プロアマに関係なく、その主張に根拠があるかどうか——それだけが判断材料になります。

ここまでは1時間目でも説明したことですね。

この5時間目では、もう少し詳しく見ていきましょう。くり返しになる部分も出てきますが、復習だと思って聞いてください。

まず、議論における「正しい主張」とは何か？

定義づけると、主張に根拠があり、その根拠が反論（反証）にさらされていて、反論に耐えたものが、「正しい主張」になります。

「正しい主張」の3条件
①主張に根拠がある
②根拠が反論にさらされている
③根拠が反論に耐えた

「また3条件か」と思われるかもしれませんが、**ここはとても大事なことなので、しっかり覚えておいてください。一生使える知識になります。**

①についてはすでに説明した通り。
まずその主張に根拠があるかどうかがポイントになります。

根拠があるかどうかを判断する方法はカンタン。**「なぜそうなんですか？」と聞くだけで**

いいでしょう。

たとえば、「夕方から雨が降る」と言っている人がいたら、「なぜそう思うんですか？」と聞く。すると、「NHKの天気予報で言っていたから」といった返事が返ってくるはずです。NHKの天気予報という、一応の根拠はあるわけですね。

これが「俺の直感だ」「親が言っていたから」「なんとなく」などと言われると、根拠はあやしくなります。

「裏をとる」のではなく「逆をとる」

②の「根拠が反論にさらされている」については、メリット・デメリットに対する反論がまさにそうですね。その根拠が正しいかどうか、反対の立場から反論を加え、検証しなければなりません。

それが、「反論にさらされている」ということです。

「NHKの天気予報で言っていた」という根拠に対しては、たとえば「NHKの天気予報は42パーセントしか当たらない」というデータ（数字）を用いて反論することが可能になるでしょう。

反論について考えるときに重要なのが、「裏をとる」のではなく「逆をとる」ということ。

報道をテーマにしたドラマでよく出てくるセリフに、

「おい、その情報の裏はとったのか!?」

というものがありますよね。

情報の裏をとるというのは、その情報が正しいかどうかを複数のソースから確認することを指しますが、いくら確認したところで、**同じ意見・主張の人だけから話を聞いたのではまったく意味がありません。**

でもこれ、本当によくあることなんです。同じ意見の人を探すのは楽なので、裏をとりやすいのでしょう。

あとよくあるのが、人数の多寡《たか》で決めてしまうこと。「がんばって15人から話を聞いたので間違いありません!」といったものです。

何が問題かというと、情報の出所が同じだったということが多々あるのです。

結局、みんな同じプレスリリースや新聞記事を読んで言っているだけだったとか、誰かが言った話が大きく伝わっているだけだったとか。みなさんにも似たような経験があるのではないでしょうか?

「古代エジプトのパピルスには、『近頃の若者はけしからん』といったことが書かれている（いつの時代も若者は叩かれる）」という話をよく聞きますが、これも同様のケースの可能性が高いですね。そのパピルス自体を提示している人を、私は見たことがありません。

こういった誤謬《ごびゅう》（誤り）が出てくるので、いくら裏をとったってダメなんです。同じような立場の人にいくら聞いたところで、相手の根拠に対して反論することはできません。できたとしても、弱い反論になります。

こういうときは、逆をとってください。

反対の立場の人の意見を聞いて、その根拠をちゃんと確認する。そしてその根拠をもとに、反論を加える。

そういった行為が、反論するときには大事になってきます。

賛否両論でも「決めること」が大事

③の「根拠が反論に耐えた」は、この授業で何度も言っていることです。賛成側の根拠と反対側の根拠を何度もぶつけ合って、どちらがより正しいかを決めていくわけです。

反対論より賛成論が良ければ、賛成論を「いまの最善解」として扱うことを決める。逆に、賛成論より反対論が良ければ、反対論を「いまの最善解」として扱う。それだけのことです。

正解ではなく、いまの最善解を導き出す。

これは、ディベート思考の根本的な考え方でしたよね。

よくあるダメなパターンは、「賛否両論だから決めない」こと。

「いろいろな意見があってよくわからないから、とりあえずそのままにしておこう」と問題を先送りすることがありますが、**実は情報をコントロールするような人はそれが狙いだったりします。**

賛成の意見と反対の意見を適当にばらまいて、議論の収拾をつかなくし、現状を存続させる方向にもっていくのは、情報コントロールの基本中の基本になります。そういった「腹黒い優秀な人」に好き勝手やらせないためにも、いろいろな意見が出たら、しっかりそれぞれの根拠に対して反論し合って、暫定《ざんてい》的な結論にまでもっていかなければなりません。

みなさんは、自分たちの力で議論をまとめる力を身につけてください。

主張と根拠をつなぐ「推論」

つぎに、「主張に根拠がある」ということについて、もう少し深く考えてみましょう。

たとえば、知り合いのBさんがお年寄りに道案内しているところを目撃したとします。

あなたは友人に、「昨日、Bさんがお年寄りに道案内してるところを見ちゃってさ。いい人だよね、彼」と話しました。

この場合、「主張」とその「根拠」はどうなるでしょうか？

たぶん以下のようになると思います。

・主　張＝Bさんはいい人だ
・根　拠＝お年寄りに道案内していたから

なんの変哲《へんてつ》もないシンプルな構造ですが、実は、この主張と根拠のあいだには、「人助けをする人はいい人だ」という考え方が見え隠れしています。

よくよく考えるとそうですよね。人助けをするのがあたりまえだったら、誰もBさんをいい人だとは思わないはずですから。

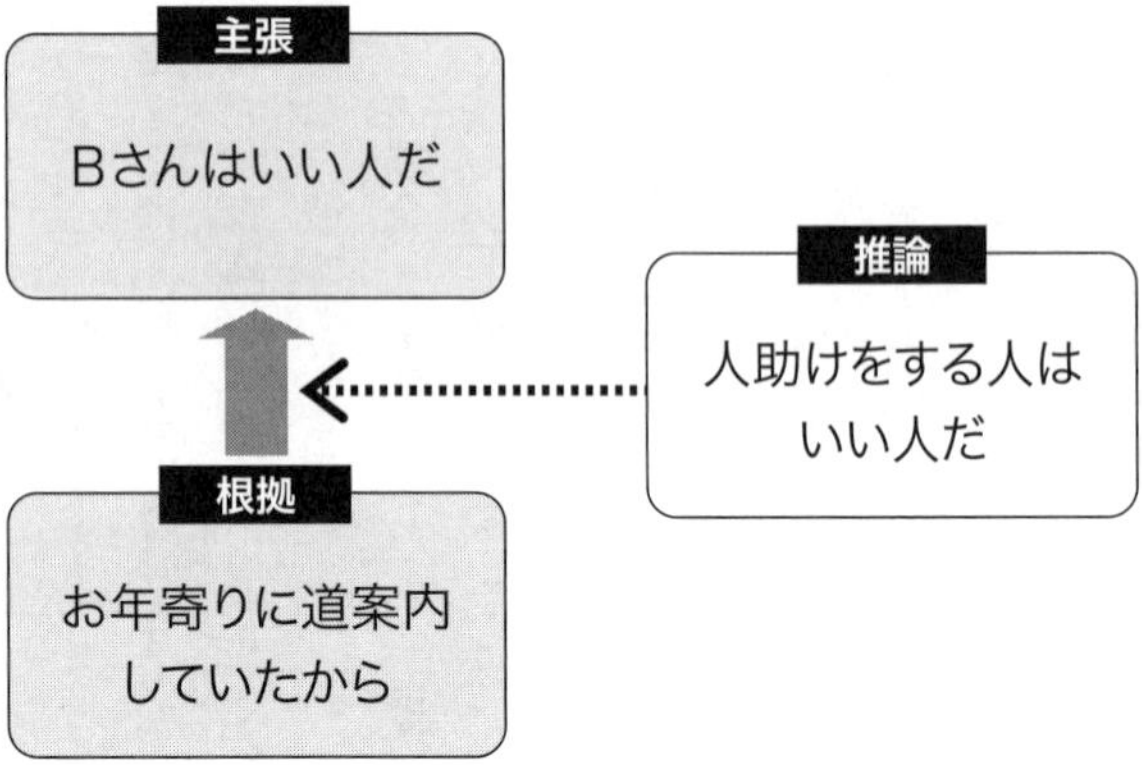
主張
Bさんはいい人だ
推論
人助けをする人は
いい人だ
根拠
お年寄りに道案内
していたから

この、主張と根拠のあいだにある、よく考えないと見えてこない前提の考え方（論理、または思い込み）のことを「推論」と言います。

・**推論**＝人助けをする人はいい人だ

主張を「最終的に訴《うった》えたい結論」、根拠を「主張を支持する理由」とするなら、推論とは主張と根拠とのつながりを指し、「理由である根拠がどれくらい主張を支えているかを説明する論理」と定義づけることができるでしょう。

大企業に入ると人生は安心？

結論から言うと、**相手の主張に反論するときは、相手の主張を支える根拠や推論に対して直接、反**

論を行ってください。

ちょっとまた練習問題をやってみましょう。私の言っていることが実感できると思います。

練習問題

就活中のAくんがあなたに対して、

「新卒で大企業に入れば、安心な人生が送れるよね」

と言いました。

あなたはそうは思っていません。さて、どう反論しますか?

相手は「新卒で大企業に入れば人生は安心だ」と言っています。これに対して、「俺はそうは思わないけどなあ」と言ったところで反論にはなりません。「考え方の違いだね」と水《みず》掛《か》け論になって終わりです。

こういうときはまず、「なぜそう思うのか?」と、相手の主張の根拠を探ってください。

「なんで?」と問うことを癖にするのです。

さっそくAくんに理由をたずねてみたところ、

「だって、大企業は中小企業より倒産する可能性が低いじゃん」

という答えが返ってきました。これが、相手の主張を支える根拠ですね。

そうしたらつぎに、推論の部分を探ってみる。

「なんで中小企業より倒産する可能性が低いと安心なの？」

「そりゃ、倒産せずに長期間働き続けることができるから、安心でしょ」

これが、主張と根拠をつなげる推論ですね。

ここまでわかってはじめて反論のきっかけがつかめます。さきほど説明した「主張」「根拠」「推論」の構造が見えてくるからです。


さて、実際にどういった反論が可能か。

私であれば、まず根拠に対して以下のように反論します。

「統計的に大企業一般はそうかもしれないけど、実際には特定の一社にしか入れないわけだから、一般論はまったく無意味なのでは？」

「中小企業で倒産している会社のなかには、新卒採用もしていない零細《れいさい》企業が多いはず。

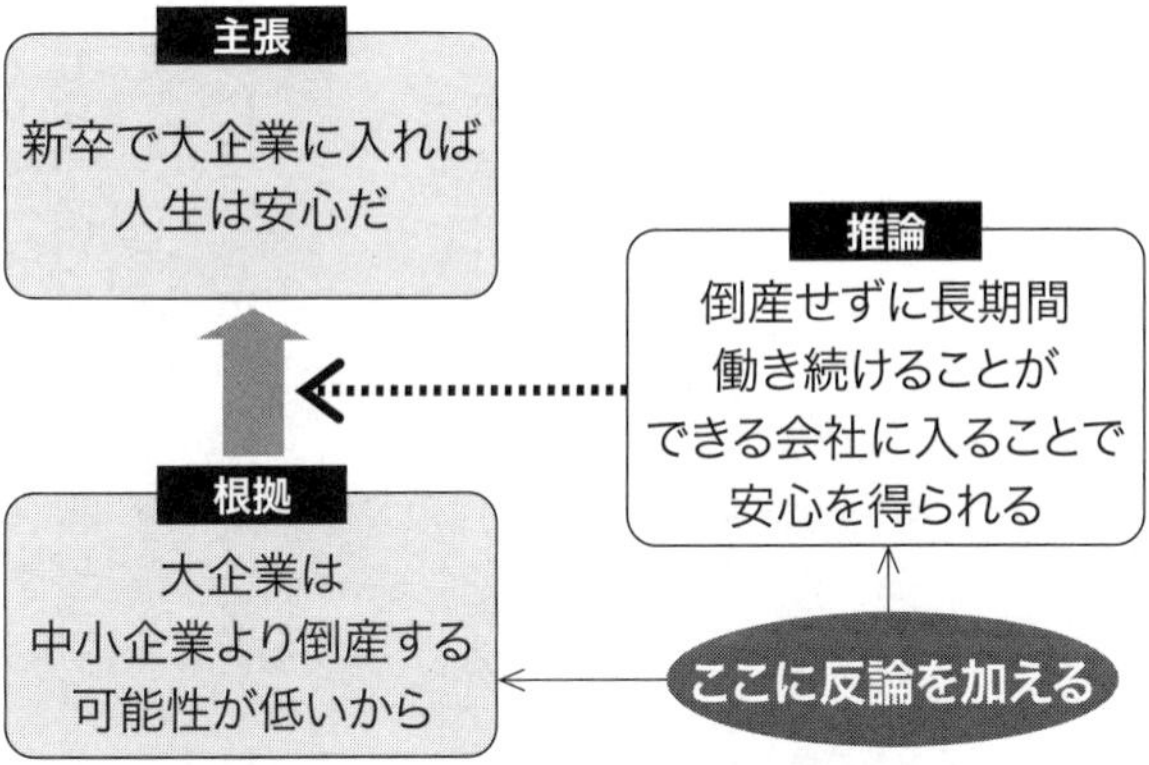
主張
新卒で大企業に入れば
人生は安心だ
推論
倒産せずに長期間
働き続けることが
できる会社に入ることで
安心を得られる
根拠
大企業は
中小企業より倒産する
可能性が低いから
ここに反論を加える

新卒採用をしている中小企業と大企業の倒産数を比較すれば、大企業は中小企業より倒産する可能性が低いとは言えないのでは？」

同様に推論に対しては、以下のように反論します。

「大企業は倒産しなくてもリストラが頻繁《ひんぱん》にあって、雇用は安定していないのでは？」

「大企業みたいなぬるま湯体質の会社にずっといることは、とても〝心の平安〟とは言えないのでは？」

このように、**相手の主張を支える「根拠」と「推論」に対して、矢継《やつ》ぎ早《ばや》に反論を加えていけば、まあだいたいの場合において「詰《つ》み」となります。**

Aくんは「いや、俺はそうは思わない」とは言いづらくなって、黙ってしまう。

もちろん、Aくんが言い返してくることも考えられますが、Aくんがディベート思考を教養として持っていなければただの感情論になるだけなので、まったく恐れるに足らず。

さらに相手の根拠と推論に対して反論を加えていけば、いずれ「ゲームオーバー」となります。


このように、ディベート思考は強大な力を持っているので、あまり悪用はしないでくださいね。

何度も言うように、ディベートは相手を論破することが目的ではないのですが、自分だけがディベート思考をマスターしている場合、どうしても相手を論破してしまいがちなので（しかも、いともカンタンに）、注意が必要です。

やりすぎると、すぐに人間関係が悪くなってしまいます……。


推論の部分を攻めろ！

とにかく、**きちんと反論するためには、まず「相手の話をちゃんと聞く」ことが大切に**

なってきます。根拠を探るだけでなく、推論もしっかり探る。

頭がキレる人と話していると、一方的に持論をまくしたてられて、こちら側は何も言い返せず、話題にも入っていけず、ただ黙っているだけになることがよくありますが、たとえ特定の話題についての知識がなくても、相手の話をじっくり聞いていけば、会話の糸口は必ず見えてきます。

たとえば相手がサッカーに詳しくて、日本代表についてずっと話している場面。あなたがサッカーにまったく精通《せいつう》していなかったとしても、「なぜそう思うのか？」とくり返し聞いていけば、その人の主張の根拠や推論の部分が見えてくるので、そこを糸口に会話（もしくは反論）に入っていけばいいのです。

相　手「これから日本代表は強くなるよ」
あなた「なんでそう思うの？」
相　手「だって監督が有能だからさ」
あなた「なんで監督が有能だと強くなるの？」
相　手「ワールドカップで優勝するようなチームは監督の采配《さいはい》が絶妙なんだよ。日本代表の監督になった○○さんは抜群の采配ができる人だから、絶対につぎのワールドカップではいいところまで行くと思うな」

あなた「いくら監督が有能でも、選手がイマイチだったら強くならないんじゃないの？素朴な疑問なんだけどさ」

相　手「えっ!? まあ、たしかにそうだけど……」

この場合、相手の推論（監督が優秀だとチームは強い）に対して疑問を呈《てい》していることになります。

これはちょっとしたコツなのですが、**推論の部分は相手も無意識に言っていることが多いので、そこに対して重点的にツッコミを入れると効果は絶大です**。特に疑問に思ったこともないので、相手ははじめてそこで考えることになり、反射的な反応は鈍《にぶ》るのです。

A氏は毎日のようにナイフで人を切っている……

ここからは、みなさんが相手の推論の部分に対して的確に攻めることができるように、推論について、もう少し詳しく見ていくことにしましょう。

推論には、大きく分けて3つのタイプがあります。

①**演繹**《えんえき》
②**帰納**《きのう》
③**因果関係**

おそらくみなさんも一度は耳にしたことがあるのではないでしょうか。数学の授業でも教えていたりしますから。

これらは三大推論と呼ばれていて、論理的思考の基本中の基本の考え方になります。知っておいてまったく損はありません。

では、ひとつずつ解説していきましょう。

まず「演繹」ですが、これは一般的・普遍的な前提から論理的推論によって個別的な結論を導き出すことであり、古代ギリシャの哲学者・アリストテレスによって体系化されました。

通常は、以下のような三段論法をとります。

〈前　提〉
1．すべての人間は死ぬ（普遍的な大前提）
2．アリストテレスは人間である（小前提＝事実など）
〈結　論〉
3．よって、アリストテレスは死ぬ（個別的な結論）

これが演繹の考え方です。もっと身近な例でいえば、「どこも遊園地は楽しい」「ディズニーランドは遊園地だ」「よって、ディズニーランドは楽しい」、「珈琲《コーヒー》はどれも苦い」「目の前の飲み物は珈琲だ」「よって、目の前の飲み物は苦い」といった感じでしょうか。

ええ、もちろんいろいろツッコミどころはあるでしょう。

演繹は思考法として非常に有効なものなのですが、欠点もいろいろとあります。**間違った結論や、詭弁を生みやすいものでもあるのです。**

それらを見破るために、そして演繹的な推論に対して適切に反論を加えるために、再度、練習問題を通して、ツッコミ力を養っていきましょう。

練習問題

つぎの推論（演繹）の間違いを指摘せよ！

〈前　提〉

1．ナイフで人を切るのは犯罪だ

2．A氏は毎日のようにナイフで人を切っている

〈結　論〉

3．よって、A氏は犯罪者である

さあ、これのどこがおかしいですか？　一見、正しく見えますよね。初歩的な問題なので、30秒以内に答えを出してみてください。

考える時間：30秒

答えを言いましょう。A氏は「外科医」だった——。

なんだ、という声が聞こえてきそうですが、この論法でいえば、お医者さんはみな犯罪者ということになってしまいます。まったくもって詭弁ですよね。

これは、最初の大前提である「ナイフで人を切るのは犯罪だ」が間違っていたということです。例外があった。

演繹の第一の問題点は、**「前提が間違っていたら、間違った結論に達してしまう」**ということ。偏見や先入観に基づいた間違った前提（どこも遊園地は楽しい→遊園地が嫌いな人もいます）を使ってしまう場合や、ある限定された範囲でのみ正しい前提（珈琲はどれも苦い→味覚は相対的なものだし、苦くない珈琲もあります）を全体に適用してしまう場合が多々あるのです。

派遣社員はみんな生活が苦しい！

つぎの問題にいってみましょう。これはどこがおかしいでしょうか？

〈前　提〉

1. 派遣社員は年収が低く、生活が苦しい
2. B氏は派遣社員として働いている
〈結　論〉
3. よって、B氏は生活が苦しいに違いない

考える時間：1分間

実際にB氏は生活が苦しかったりするのかもしれませんが、この2つの前提からそういった結論に達するのは少々乱暴です。たとえば、B氏が技術職の派遣社員だったら？　データベースの設計技師など、ある種の技術者の派遣は、待遇がかなりよかったりします。

これも前提が間違っている一例ですね。

例外があるというよりも、**前提で想定している「派遣社員」の定義付けがあやふやなのです**。同じ派遣社員という言葉を使っていますが、1と2ではぜんぜん違うものかもしれない。

なので、そこを突いていくことになります。

では、最後の問題です。

〈前　提〉
1. すべての教師は教員免許を持っている
2. Cさんは教員免許を持っている
〈結　論〉
3. よって、Cさんは教師である

考える時間：1分間

これは、必要条件と十分条件の話になります。
「教師である」→「教員免許を持っている」とは言えるのですが、逆に「教員免許を持っている」→「教師である」とは必ずしも言えません。「教師である」ためには、教員免許を取得したうえで、教員の採用試験に合格しなければならないのです。

つまり、「教員免許を持っている」と「採用試験に合格する」という2つの条件をクリアしてはじめて、「教師である」と言えるわけです。

このとき、それぞれの条件のことを「必要条件」と言います。

「教師である」ためのすべての条件がそろったとき、それらを合わせて「十分条件」と言います。

このように、A→BだからといってB→Aとは言えないことはよくあります。

たとえば、「車が走る」→「ガソリンが入っている」とは言えますが、「ガソリンが入っている」→「車が走る」とは言えないですよね。

「ガソリンが入っている」というのは「車が走る」ための必要条件ではありますが、十分条件ではありません。他に、「エンジンオイルが入っている」「運転免許を持っている」など、複数の条件がそろってはじめて、「車が走る」のです。

どうでしょう？　**必要条件、十分条件という言葉はビジネスシーンでもよく使われるものなので、ここできちんと理解しておいてくださいね。**

一般論から個別の事例を説明するのが演繹の考え方ですが、以上のように、詭弁を生みやすいものでもあるので注意が必要です。

特に気をつけないといけないのが、言葉の定義を曖昧《あいまい》にすることで無理な一般論を作り、それをもとに個別の事例を説明してくるパターン。「派遣社員」の練習問題がまさにそれでした。


相手の意見・主張のなかにそういった言葉が出てきたら、その言葉が具体的に何を指しているのか、きちんと確認してください。


たとえば、「キリスト教では……」みたいなことを一般論として言う人がいたら、「あなたの言うキリスト教とは、カトリックですか、プロテスタントですか、それとも他のものですか？」と聞く。

「北欧では、税金が高くても豊かな暮らしができている」という意見に対しては、「北欧というのは、具体的にどこの国を指すのですか？」「豊かな暮らしというのは、具体的にどういった状態を指すのですか？」と確認する。

こういった行為を習慣にするだけで、**詭弁にダマされづらくなるし、論理的な思考力も増していきます。**

女は地図が読めず、車の運転もヘタ

さて、「演繹」のつぎは「帰納」について解説していきましょう。

帰納は演繹の逆で、いくつかの個別の事例から、論理的推論によって一般的・普遍的な結論を導き出そうとすることです。

たとえば、こんな感じに。

・猫Aがネズミを追いかけていた
・猫Bがネズミを追いかけていた
・猫Cがネズミを追いかけていた
・猫D（E、F、G……）がネズミを追いかけていた
・よって、猫はネズミを追いかけるものだと言える

これは、みなさんがふだん無意識に行っている推論だと言えるでしょう。

たとえば、この時間のはじめのほうに出てきた「人助けをする人はいい人だ」という推論も、帰納的な考え方です。経験的に、いろいろな「人助けをするいい人」の事例が積み

重なって、個人のなかで「人助けをする人＝いい人」というひとつの結論に達しているわけですから。

とはいえ、人助けをする人が必ずしもいい人だとはかぎらないことは、言うまでもありませんよね。悪さをするために人助けをする人もいます。**いくら個別の事例を挙げたところで、結論が絶対に正しいとは言えないわけです。**

これが、帰納の大きな欠点になります。

事例の数を挙げることで、その結論はある程度の確率を持ったものであるとは言えるのですが、全事例を網羅することなど不可能なので（世の中のすべての猫がネズミを追いかけるかどうか調べることは不可能）、限界があるのです。

というわけで、反論するときや詭弁を見抜くときには、そこを突いていくことになります。再度、練習問題を行ってみましょう。

練習問題

つぎの3つの推論（帰納）の間違いを指摘せよ！

①私の友人の関西人はみんな早口でよくしゃべる。よって、関西人は早口だ
②「ビールを飲むと酔っぱらう」「ウィスキーを飲むと酔っぱらう」「日本酒を飲むと酔っぱらう」。よって、液体を飲むと酔っぱらう
③アメリカの死刑廃止州では、重大犯罪が少ない。よって、重大犯罪を減らすには、死刑を廃止するのが良い

考える時間：3分間

①は、事例が少なすぎると指摘することができます。友人の例だけで「関西人」のことを語るのはさすがに乱暴ですよね。

少ない事例を無理に一般化しているだけです。

よく耳にする「女は地図が読めない」「女は車の運転がヘタだ」というのは、このタイプの詭弁になります。一例でもその結論に当てはまらない事例を挙げれば、反論完了です。

②は、「アルコール」という具体的な共通項があるにもかかわらず、「液体」というところまで抽象化してしまっているところに問題があります。

一般化しすぎの例だと言えるでしょう。

大学の有名教授が「近頃の学生はぜんぜん勉強をしない」などと言うことがありますが、それは単に、有名教授のところにミーハーな学生が集まっているだけの話であることがよくあります。事実、私の授業を履修する学生はみんなとても勉強熱心です。要は、見ている事例は決して少なくはないのですが、偏《かたよ》ってしまっているのです。

③は、実際のところ、そういった州では重大犯罪が少ないから死刑を廃止しているのかもしれません。「因果関係」が逆。これから詳しく説明していきますが、因果関係が間違っていることは本当によくあることなので注意が必要です。

この場合、同じ州で死刑廃止前と廃止後で重大犯罪が減ったかどうかをしっかり検証しなければ、このように主張することはできないはずなのです。

以上のように、個別の事例から一般論を説明するのが帰納の考え方ですが、**いちばんよく見かけるのが、都合の良い事例、偏った事例だけを集めてしまうことです。**

意図的にそうすれば、詭弁を生み出します。

ツイッターでは石原慎太郎を支持している人はほとんどいないから、選挙では落選するに違いないと思っていたら、圧勝してしまった。石原慎太郎の主な支持層である高齢者は、ツイッターなんてやらないわけですよね。

同様の事例はいくらでもあるので、普段から見誤らないように注意しましょう。

「オタクだからモテない」は本当か？

三大推論の最後は、「因果関係」です。

帰納のところでも少し触れましたが、因果関係を間違えることは本当によくあることなので、ここでしっかり教養として身につけてください。

演繹・帰納・因果関係の特徴と欠点をおさえておけば、みなさんの論理的思考力は飛躍的に増すことになるでしょう。若いうちに身につけておいて損はありません。

さて、因果関係とは、以下のように定義づけることができます。

- 原因Aがあるとき、結果Bが起こる
- このとき、AとBには因果関係がある

たとえば、真夏になって気温が上がる（原因）と、みんなが冷房をつけるので電気の使用量が増える（結果）。これが典型的な因果関係です。

で、いちばんよく間違えるのが、死刑廃止と重大犯罪発生との関係のように、因果関係を逆にとらえてしまうといったパターン。以下のような推論を見かけたら、すぐにおかしいと気づけるようにならなければなりません。

「消防車の出動回数と火事の発生件数を比較してみると、消防車が出動するほど火事が増えている。よって、火事を減らすためには、消防車の出動を減らすべきだ」

当然、火事が増えると消防車の出動も増えるわけで、消防車の出動が増えたから火事が増えたわけではありません。これは誰が見ても明らかな誤りだと気づきますが、たとえば以下のような例ではどうでしょう。

「営業成績の良い人は、仕事に対するモチベーションが高い」
「オタクだから異性にモテない」

一見、正しい発言のように見えませんか？　でも、仕事に対するモチベーションが高いから、頑張って仕事をすることになり、結果として営業成績も良くなるのかもしれないし、異性にモテないからオタクになるのかもしれませんよね。

このように、因果関係ではまず、**原因と結果のどちらが時間的に先行しているかを常にチェックすることを心がけてください**。そうすれば、因果関係を逆にとらえてしまうことは、だいぶ防ぐことができるでしょう。

「英語ができる人ほど年収が高くなる」は嘘っぱち

では、この問題はどうでしょうか？

練習問題

つぎの推論（因果関係）の間違いを指摘せよ！

「アメリカ合衆国の何カ所もの地域で調査したところ、コウノトリの生育数と、その地域で生まれる赤ん坊の数には高い相関関係（コウノトリの多いところでは出生率も高く、逆にコウノトリの少ないところでは出生率も低い、という関係）があるという衝撃の事実が発見された。よって、コウノトリの減少が少子化の原因である」

考える時間：1分間

コウノトリが赤ん坊を運んでくるなんてことは、いまや誰も信じてはいませんよね。しかし事実（客観的なデータ）として、コウノトリの数と出生率には高い相関関係が表れている。

なぜそういったことが起きるのでしょうか？

因果関係が逆だとすると、赤ん坊の数が増えるからコウノトリの数も増えるのか？

これもなんかおかしいですよね。

答えを言うと、出生率とコウノトリの数の変化は、「都市化」という共通の原因から起きている結果なんです。つまり、都市化が進むと、森林の伐採などによってコウノトリの数が減る。同じく都市化が進むと、両親の共働きや核家族の崩壊などによって子供の数も減る。

コウノトリの数と出生率には、相関関係はあっても因果関係はないのです。

こういった相関関係と因果関係の混同もよくあることなので注意が必要です。

たとえば、ある英語スクールの広告に以下のようなコピーがありました。

「英語ができる人のほうが年収が高いというデータがある。だから、ビジネスマンは英語を学ぶべきだ」

事実として、さまざまな調査結果から、英語の成績とその人の年収には高い相関関係があるということがわかっています。

でも、この宣伝コピーは嘘っぱちですよね。英語ができるからといって必ずしも年収が高くなるとはかぎらない。おそらく、学歴のほうが影響していると思います。学歴が高いから、英語の成績もいいし（偏差値が高く、勉強する環境も整っている）、大手企業に就職できて年収も高くなるのでしょう。

これもコウノトリの例と同じで、「英語ができる」「年収が高い」というのは、「学歴が高い」という共通の原因から起きた複数の結果にすぎないわけです。

ダイエット番組を観ても、あなたは痩せない

では、この時間最後の練習問題にいきましょう。

練習問題

つぎの推論（因果関係）の間違いを指摘せよ！

「水道水はたいへん危険である。なぜなら、水道水中のトリハロメタンのせいで癌《がん》になるからだ。事実、大阪の水道水には、沖縄の水道水の3倍ものトリハロメタンが含まれており、癌の発生率は沖縄より大阪のほうが2倍も高い」

考える時間：1分間

同様の論調をテレビでも新聞でも雑誌でも本当によく見かけますが、このような「疑似《ぎじ》科学」にはダマされないようにしなければなりません。

どこが誤りか？

これは、**他に原因がいくつもあるかもしれないのに、特定の原因にのみ着目しているところが問題なのです。**

トリハロメタンもたしかに原因のひとつかもしれませんが、他にもたくさん原因はあるはずです。そういったことに触れず、あえて目をつぶって、「水道水は危険だ」とだけ言うのは、詭弁以外の何物でもないでしょう。

本当に水道水中のトリハロメタンが癌の原因だとするならば、その原因を取り除けば結果（癌の発生）は起きない、少なくともそのぶん減る、ということを示さなければなりません。

「これを飲むだけで痩せる！」といったダイエット食品も同様の例でしょう。

テレビの深夜番組では、複数の「被験者」がそのダイエット食品を実際に1カ月間試してみて、8キロ痩せた！　みたいなことを言っていますが、論理的に考えてみるとかなりあやしい。

被験者たちが集まって、体重計にのって、「ウソ！　信じられない。ホントに痩せた！」などとやっていますが、テレビ画面の下のほうには小ちゃな文字で、「効果には個人差があります」と表示されています。

これは何を意味するメッセージなのか？

要は、**被験者たちは痩せたらギャラをもらえるので、ダイエット食品を食べる以外にもいろいろと痩せる努力をしているのです。**だから8キロも痩せただけの話です。

そのダイエット食品に効果はあるのかもしれませんが、その効果は宣伝されているものよりもかなり小さい可能性がある。場合によっては、まったくない可能性すらある。

マイナスイオンや血液型の性格診断など、疑似科学はもっともらしい顔をして生活に入り込んでくるので、ダマされないようにしてくださいね。

新政権になると景気がよくなる本当の理由

以上をまとめると、因果関係で注意すべきは「因果関係が逆」「因果関係と相関関係の混同」「特定の原因にのみ着目する」の3点になります。

三大推論のなかで、この因果関係がもっとも詭弁を生みやすいものです。

因果関係の3つの詭弁

1）因果関係が逆である

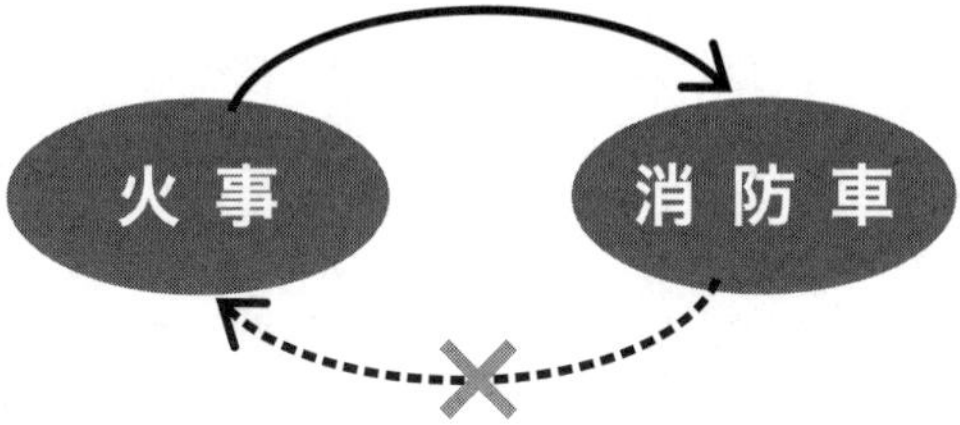

2）因果関係と相関関係を混同している

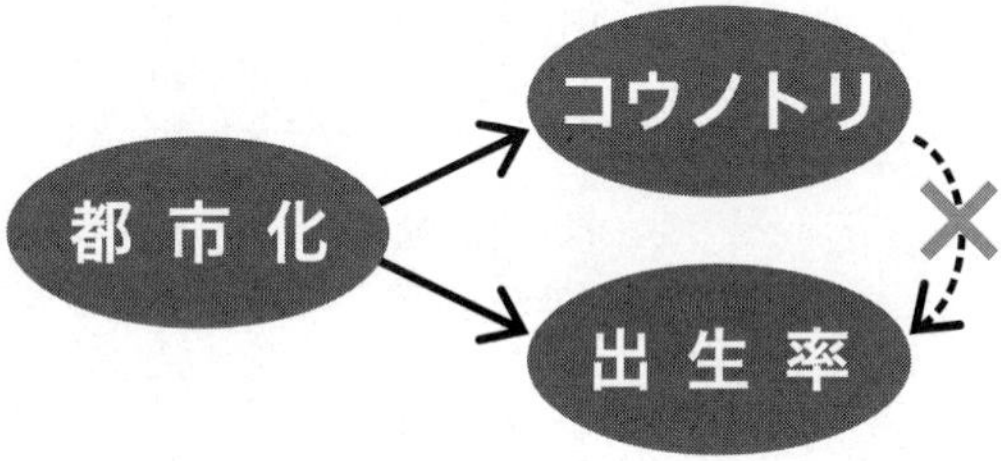

3）他の原因があるかもしれないのに、特定の原因にのみ着目している

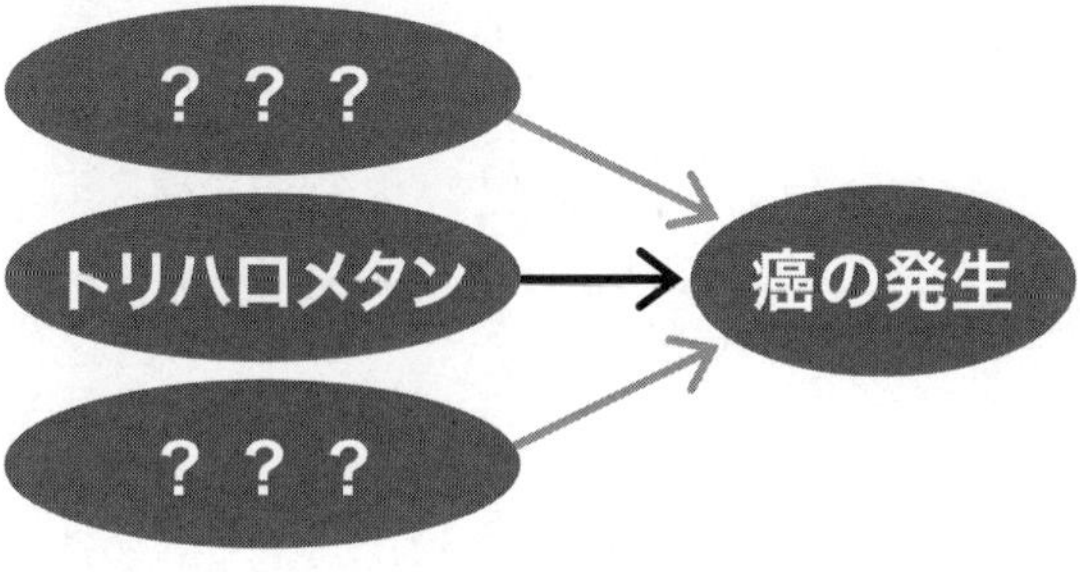

挙がっている事実（データや現象など）のひとつひとつは本当のことなので、ダマされやすいのです。

あることが同時に起きているからといって、どっちが原因でどっちが結果かというのは、簡単には証明できないことが多い。証明がしづらいから、詭弁もまかり通ります。

たとえばアメリカでは、政権交代が起きると景気がよくなるというデータがあります。新政権が前政権よりも優秀だから、景気がよくなるのでしょうか？

実は、こういったカラクリになっています。

選挙の前に、負けるわけにはいかない前政権が大衆にアピールするために、大きな景気対策を行う。でも選挙には間に合わず、敗北する。新政権が誕生して少し経ったくらいに、前政権の行った景気対策の効果が出てきて景気がよくなる。新政権は自分らが政権を取ったから景気がよくなったと喧伝《けんでん》する。大衆もそれを信じる——。

こういった事例は枚挙《まいきょ》にいとまがありません。

世の中は詭弁に満ちあふれています。

「本当に見えるウソ」もホントに多い。

・何が「正しい」のか？
・何をもって「正しい」と言えるのか？

この時間の最初に「正しい主張」の3条件を示しましたが、常にそれに照らし合わせてものごとを見たり、考えたりしてみてください。

根拠と推論を正しく捉えることができるようになれば、自分の主張を補強できる（反論に耐える主張を作る）だけでなく、相手の主張を崩すこともたやすくなります。

ディベートというと、自分の主張を通すことに重点が置かれがちですが、実は逆で、**自分の主張を無理やり通そうとしている人に反論することのほうが大事です。**

どうやって相手の詭弁を阻止するか。

どうやって世間にはびこるデタラメ論にダマされないようになるか。

ディベートは、そのためのトレーニングでもあるのです。

★「正しい主張」には根拠がある。

★その「根拠」は、反論にさらされていて、なおかつ耐えたものだ。

★裏をとるな、逆をとれ！

★相手の主張の「推論」の部分に目を向けよう。

6時間目　武器としての「情報収集術」

「証拠資料」を集めよう

残すところあと2時間となりました。

この時間は、ディベートを行うときに欠かせない「証拠資料（エビデンスとも言います）」について、簡潔に説明していきましょう。

証拠資料とは、その名の通り、ディベートにおいて自分の主張を証明、補強するために使われる資料・情報のことを指し、専門家の意見やマスメディアの報道、統計データ、海外事例、インタビュー内容などがそれに該当します。

これは自分の頭の中でディベートを行うときにも用意したほうがいいものです。

たとえば、X社から内定をもらって就活を続けるべきか否かを迷っているAくんであれば、X社に勤めるOBや就職浪人した先輩の意見、内定率などのマスメディア報道、就職関連の書籍などをあたって、賛成・反対両方の主張を補強する必要があるでしょう。

なぜ証拠資料が必要かというと、ディベートを行う人間は論題に関する専門家とはかぎらないので、**専門的な意見については、やはり専門家の意見を活用して信頼性を高める必要があるからです。**

また、事実に関しては、マスメディアのデータなどを利用する必要も出てきます。

もちろん、メディアで言っていたからといって、それが必ずしも正しいとはかぎらないことは、前の時間にも指摘しました。だから、証拠資料を使うときは、

①証拠資料に頼らず、自分でも考える
②関係のない証拠資料や、間違った証拠資料を使わない
③結論しか書いていない証拠資料は使わない（根拠が不明、もしくは希薄だから）

といった注意点を守らなければなりません。

マスメディア・ネットの情報を鵜呑《うの》みにしない

では具体的に、証拠資料の集め方について説明していきましょう。

まず、「マスメディア、インターネットに頼らない」ということを肝《きも》に銘《めい》じてください。

当然、メディアやネットも活用するのですが、信頼しすぎるな、鵜呑みにするな、という意味です。

マスメディアの問題点としては、新聞の記事が典型ですが、情報源が同じということが多々あります。たとえば記者クラブでの発表をそのまま載せていることもよくあることで、その情報自体が間違っていたり、作為的（政府の情報操作など）であった場合、資料としては利用価値が低くなります。

復習になりますが、こういったときはどうすればよかったですか？

そうですね、「裏をとる」のではなく「逆をとる」。

あえて、マスメディアの報道とは逆の意見を集めてみてください（その新聞記事と逆のことを言っている本を探すなど）。そして、やはり報道のほうが信憑《しんぴょう》性《せい》が高かったら、報道を信じましょう。

あと、雑誌の記事やテレビのインタビューであれば、事前に記者やディレクターがこういう方向でまとめようと決めていて、それに合わせて編集されることが本当によくあります。

2時間もテレビの取材を受けたのに、使われたのはたったの3分だけ、それも自分の思《おも》惑《わく》とは違う文脈で紹介されていたりして、強い怒りを覚えたという人を、私は何人も知っています。だから、当事者の意見がマスメディアに載っていたからといって、本当にその人の意見だとはかぎらないということも、頭の片隅にとどめておくといいでしょう。

できれば、その当事者に直接あたって話を聞くことが有効です。

つぎにインターネットの問題点ですが、代表的なものはコピペ（コピー&ペースト）です。どこかのあやふやな情報をコピペにつぐコピペで載せていることが多いので、デマだらけ。原典・出典が書かれているものであっても、調べてみると原形をとどめていないことがよくあるのです。

私の経験上、原典にあたってみると、もっと良いことが書かれているということがすごくある。本当はすばらしい研究なのに、適当に省略されていたり、肝心の部分が削られていたり……。面倒ですが、**原典にあたることを習慣にすると、他の人より一段上の意見を言えるようになるでしょう。**

また、ネット上の百科事典・ウィキペディアから引用することがよくありますが、誰でも編集できるという性質上、デマが載っている可能性がきわめて高い。これは編集者から聞いた話ですが、校閲《こうえつ》の専門家ですら、資料としてウィキペディアのコピーをつけてくることがあるといいます。

少し調べてみるとわかりますが、人物の生年月日すら間違っていることも多いので、まったくその記述は信用できません。

あと最近よく見かけるのが、「ネットにない＝情報がない」と勘違いしてしまう人。学生に多いのですが、そんなはずはないわけで、本や雑誌など違うメディアをあたるか、やはりその当事者に話を聞きにいくなどしたほうがいいでしょう。

では、「価値のある情報」とは何か？

マスメディアやネットの情報に頼らないのであれば、いったいどういった情報に価値があると言えるのでしょうか？

私は、「実は……」といった情報にこそ価値があると考えています。

みんなが知っているような情報とは違うもので、「本当はこうだ」といった情報。そういったものを積極的に集めようと心がけています。

たとえば、日経新聞に「○○株式会社が増収増益の見込み」という記事が出たとしましょう。私は投資家でもあるので言えるのですが、そういった情報をもとに株を買う人は、まあ間違いなく損をしますね。それだと遅すぎるのです。

事前にそうなるだろうと予測をして、発表になったら売る。投資に成功する人は、だいたいそういったやり方をしています。**みんなが知っていることに合わせて行動を取っていたのではダメなんですね。**

たとえば以前、ある大手ゲーム会社の人気ゲームソフトに不具合（バグ）が見つかるというトラブルがありました。返品騒動が起こり、大々的に報道され、株価も30パーセントくらい落ちました。

そのような情報を見て、私はどう考え、どう行動したか？

すぐさま一消費者をよそおって、コールセンターに電話をかけてみたのです。

「ゲームが途中で動かなくなると聞いたのですが、どうすればいいですか？」

「本当に申し訳ございません。現在、バグが起こらない修正版を作っておりますので、いましばらくお待ちいただけますか」

「そうですか。ところで、コールセンターは何人でやっているんですか？」

「10人くらいです」

「そんなに少ないんですか。実際、どれくらいの人にバグが起こっているんですか？」

「バグが起こる可能性はきわめて低くて、まだ実際にバグが起こったという苦情は私の所には届いておりません」

「なるほど……」


このようにして私は、実はバグが起こる可能性はきわめて低く、10人前後のコールセンターで対応できるほどのものだという「情報」を得ることができました。

一方、新聞などには「ブランドの崩壊」といった見出しがおどっています。もうそのゲーム会社は終わりだみたいな論調と、私が得た事実（たいしたバグではない）とのあいだには、著しく落差がある。

そこで、私はその会社の株を買うことにしました。たいしたバグではないし、その会社にはブランド力もあるので、すぐに株価は回復するだろうと予測したわけです。

すると案の定、2週間くらいでパニックは収まって、株価も正常に戻りました。私はその時点で株を売り、利益を得たわけですが、このように、誰でも知っているような情報ではなく、「実は……」という情報にこそ価値があります。

くり返すように、メディアの報道や風評を信じるのではなく、自分の頭と足を使って、本当のところを確認しにいったほうがいいわけです。

公開情報も、組み合わせ次第では価値が出る

自分の頭と足を使って情報を集めるとはどういうことか?

もうひとつ例を挙げてみましょう。

ある地方都市に住む私の知人は、その昔、あえて最寄りの電車の駅からかなり離れた場所に広い家を建てました。そんな辺鄙《へんぴ》なところになぜ? と思ったのですが、彼からその理由を聞いて、私は深く納得しました。

実は、彼はその都市のエリアごとの人口推移と地図を調べ、**人口が増加しているのに近くに駅がないところに新たな駅ができるに違いないと予想し、そこに家を建てたのです。**

彼が家を建てた場所は、2つの駅のちょうど中間地点で、どちらの駅にも遠いのにもかかわらず、新興住宅地の開発などで人口が増えているところでした。

そして、移り住んだ10年後に、予想通りその場所に駅ができることが決まり、地域の地価は急騰《きゅうとう》したのです。

このように、**公開情報を組み合わせることで、新たな情報を生み出すこともできます。**事実、彼は役所の資料と市販の地図という、たった2つの公開情報をもとに、価値のある情報を得ることができました。

要は目のつけどころなのですが、自分の力で独自に情報を得ようという意識がないかぎり、彼のように「本当はこうだ」といった情報にたどりつくことはできないでしょう。

どんな人も「ポジショントーク」しかしない

さて、自分の力で決断するためのディベートにおいては、独自調査としてインタビューを行うのがもっとも有用です。

そうやって、「実は……」「本当はこうだ」という価値のある情報を集めていくわけです。

たとえば、就活で悩んでいる場合は、すでに就活を終えた先輩にインタビューしてみる。

といっても、テレビや雑誌の取材ではないので、居酒屋や喫茶店、もしくは電話での会話で問題ありません。

ここではインタビューを行うときのポイントを3つ、ご紹介しましょう。

1. すべての人は「ポジショントーク」

ポジショントークというのは、もともと株式投資用語で、自分の立場（ポジション）に基づいた偏った意見のことを言います。

どんな人だろうと、その人の立場から発言しているわけであって、インタビューではそこをちゃんと見極めなければいけません。部長は部長の立場でものを言うので、実際の本音とは違っている場合が多い。

たとえば、持ち家を買うべきか否かを迷っているときに、すでに持ち家を購入した人から話を聞けば、だいたい「賃貸より持ち家のほうがいい」と言うに決まっていますよね。

本音では、実際に持ち家を買ったあと、いろいろと後悔していることもあるのかもしれないのに、**それを言ったら自分を否定してしまうことになるので、自分が信じたいこと、他人に信じさせたいことばかりを言うことになるのです。**

私の経験上、やたら断言する人にかぎって、実は不安に満ちていたりします。早くに結婚して、子供がいる人ほど、「結婚はすばらしい。お前も早くしたほうがいい」と言ってくるのと同じですね。

あと、注意しておいたほうがいいのは、**発言で強調されているポイントは実は重要でない可能性があるということ。**

どういうことかというと、たとえばＩＲ説明会（企業が投資家に向けて経営状況などを報告する会）で、「我が社は3年連続、売上40％アップです」と言っていたら、「売上」ではなく「利益」が問題なときがあるということです。実は、3年連続で減益《げんえき》だったということがよくあります。

つまり、会社にも立場があるので、**言いたくない情報は隠し、どうでもいい情報は誇張することが多い。これは個人においても同じことです。**

その人があまり話さないことのほうが大事だったりするので、インタビューではそこをどう崩していくかがポイントになります。

2．結論ではなく、「理　由（根拠）」を聞く

結局、その人がどれくらい勢いをもって発言しているか、断言しているかなんてことはどうでもよくて、大事なのはやはり根拠を聞くことです。

とりあえずその根拠をちゃんと聞いて、あとで自分で検証してみる。

ときには「持ち家を買うと、固定資産税や管理費、リフォーム代が予想以上にかさんで、大変じゃないですか？」などと、あえて反対意見をぶつけてみるのもいいでしょう。すると相手はいろいろと反論してくるので、それが本当かどうかをしっかり検証する。

といっても、真正面から反対意見を言うと喧嘩になるので、**「ちょっとこうも思ったんですが、それについてはどうですか？」といった感じに、さらっと聞くことが大事です。**

3．一般論ではなく、「例　外」を聞く

最後、**相手が一般論を語り出したら、例外を聞くようにしてください。**そのほうが、単

純に賛成・反対の意見を聞くよりもインタビューに深みが出てきます。

たとえば、「コンサルティング会社は学歴重視だ」とリクルーターを務めているOBが言い出したら、「やっぱり東大や早慶が多いんですか?」と聞き、そのあとに「それより学歴が下の人で採用された人がいたら、どういう人か教えてもらえますか?」と質問すると、実はその会社が学歴以上に重視している採用基準が見えてきたりします。

「持ち家は資産になる。賃貸とちがって捨て銭じゃない」という一般論を言ってきたら、その意見を一回認めたうえで、「そうですよね。私も持ち家のほうがいいと思っているんですが、例外的に賃貸のほうがいいというケースはないですか?」と聞く。

すると、「会社でローンを組むとなかなか転職できなくなる。業績の悪い会社にいる場合は、将来リストラや倒産があるかもしれないから、家を買うのはやめたほうがいいかも」なんて答えが返ってきて、参考となる情報を集めることができるようになります。

インタビューは「ナメられたもん勝ち」

この授業はインタビュー術がテーマではないので、具体的な質問や会話のテクニックについては触れませんが、若いみなさんがインタビューを行うときに知っておくべき「コツ」

をひとつだけご紹介しましょう。

ぜひ、相手にナメられてください。

はっきり言って、**相手を油断させたほうが本音は引き出しやすいのです。**

あまりに的確な質問をしたり、論理的に反論したりすると、相手は警戒してしまい、ポジショントークしかしてくれなくなります。

「自分はバカだし素人なんで何も知らない。ぜひ教えてほしい」といったスタンスでのぞむと、「なんだ、君はそんなことも知らないのか。仕方ないな、本当のことを教えてあげよう」と相手の警戒心は和《やわ》らぎます。

バカをよそおって、知らないフリをして、話全体を自分の知りたい方向性に持っていくのが、優秀なディベーターの条件になります。

「でも」とか「だって」という、相手の話を否定するような接続詞も、なるべく使わないようにしましょう。どうしても反論しなければならないときは、前にも説明したように、「ちょっとこうも思ったんですが、それについてはどうですか？」といった感じに、さらっと聞くことが肝心です。

「海外はこうだから、日本もそうすべきだ」論者

さて、これまでに説明してきた注意点をおさえて話を聞いていけば、何も考えずにインタビューを行うよりは、はるかに有益な情報を引き出すことができるようになるでしょう。そうして得た情報をもとに、主張を組み立てたり、証明・補強したりするわけですが、証拠資料を形式的に用意したとしても、相手から反論されてしまうことがあります。

というわけで、この時間の最後に、証拠資料への反論の仕方を勉強しましょう。

どう反論するかというのは、逆に考えると、どう反論される可能性があるのかということでもあるので、しっかりおさえておく必要があるのです。

反論の代表例としては、以下の４つの誤謬に対する反論が考えられます。

①資料の拡大解釈
②想定状況のズレ
③出典の不備
④無根拠な資料

それぞれ簡単に解説していくと、まず①は、資料ではそこまで言っていないのに、都合よく拡大解釈して主張を組み立ててしまうことです。

たとえば、ＫＩＰＰ（Knowledge Is Power Program）という教育プログラムがあるのをごぞんじですか？

スラムに住んでいるような子供たちをくじ引きで選んで、ちゃんと教育したら、コロンビア大学などの名門大学に続々と受かったということで、最近やたら注目を集めているアメリカのプログラムがあります。その資料をもとに「貧困家庭の子供は、教育で変わるんです！」と主張している人をたまに見かけるのですが、これは資料の拡大解釈にすぎません。

なぜか？　**実は、数多くある実験校のなかで、外に発表できるくらいうまくいっているのは、ごくごく一部の学校だけなんです。**

そういった例外的な一例を帰納によって一般化させて、「（どんな貧困家庭の子供も）教育で変わる！」と主張しているわけなので、「それは資料の拡大解釈だ」と反論することができるでしょう。

②は、資料で想定されている状況が現実とは異なるケース。

これは、テレビの討論番組でよく見かける光景です。

たとえば、「○○国では、こういった政策を取ったら省エネがものすごいスピードで進んだ。だから、日本も同じような政策を取るべきだ」と資料を見せながら主張するパネリスト。**いわゆる「海外はこうだから、日本もそうすべきだ」論者ですね。**

何が問題かというと、もともと省エネを進めていなかった国で規制を強くすれば、省エネが進むのはあたりまえですが、すでに省エネ政策を推し進めている国で規制を強くしたところで、たかがしれているのです。

資料で想定されている状況と現実とにズレがある——そこをしっかり指摘することになります。

「X社からの内定を蹴ったところで、いくらでも内定はもらえるはずだ」という40代のOBの話（インタビュー）を資料として使う人がいれば、「それはバブル期だったからではないのか？」などと、前提にツッコミを入れてみましょう。

③の「出典の不備」は、資料自体の信憑《しんぴょう》性が足りないことです。

にわか専門家の話だったり、レーシックを勧めておきながら眼鏡をかけている眼科医の話だったりと、ぜんぜん信用できない。

出典があやしいし、証拠資料も古すぎる。とにかく根拠が足りない。

最後の④「無根拠な資料」は、そもそも資料にまったく根拠がないことで、「有名人が言っていたから」とか「すごい先輩が言っていたから」「みんなが言っていたから」といった例です。これはこの授業で何度も言っていることですね。

大学教授などの専門家が言う「私の経験上」というのも、根拠があるようで実は無根拠なものです。脳科学者が「脳科学的には……」などと科学以外のジャンルについても意見を言っていたりしますが、**科学的と言っておきながら、単に経験にもとづいた主観的な意見のケースがほとんどでしょう。**

にわか専門家の意見は根拠が足りないのに対して、専門家の「私の経験上」的な意見には、まったく根拠がないのです。

経験と言われたところで検証はできないので、根拠にはなりえません。

大学受験までの考え方を捨てる

大学受験までの勉強というのは、先生が言っていることや教科書に書かれていることを疑わず、そのまま暗記して、テストで再現できれば勝ちというものでした。

でも、それをずっと続けていてはダメです。

大学以降の人生では、情報に接したら、それが本当かどうかをまず疑ってください。「本にこう書いてあるけれど、偉い人がああ言っているけれど、それは本当なのか？」と考えることを習慣にしなければなりません。

でなければ、資本主義、消費社会の奴隷になるだけで、自分の人生を自分で切り開いていくことなどできないでしょう。誰かの意思決定や意見・思惑に従わないと生きていけない人間になってしまいます。

情報や知識というのは、判断を行うためのものです。決して他人にひけらかして偉ぶったり、コレクションとして自己満足するために集めたりするものではありません。

もう一度言いますが、これからの時代は「知識・判断・行動」をつなげて考えていくことが重要になってきます。

行動のための判断であり、判断のための知識ということになれば、「何が価値のある情報なのか」「本質的に必要となる知識にはどんなものがあるのか」ということは、おのずと決まります。

判断を左右し、行動を変える情報や知識こそ、最重要なのです。

だからみなさんは、大学を卒業して社会人になったとしても、学ぶことに真剣でありつづけなければなりません。

6時間目で手に入れた「武器」

★情報を鵜呑みにするな！

★自分の頭と足を使って「価値のある情報」を取りにいこう。

7時間目

「決断する」ということ

どうやって議論にケリをつけるか

授業もいよいよ大詰めを迎えてきました。

最後となったこの7時間目では、どうやって議論に決着をつけるか、判定（ジャッジ）の方法について説明しましょう。

ここまで理解してはじめて、自分の力で決断することができるようになります。

さて、5、6時間目の内容は、ディベート本来の流れからは少し逸れてしまったので、ここで2〜4時間目に学んだことをもう一度おさらいしてみましょう（5時間目の最初と同じ説明なので、理解している人は読み飛ばしてください）。

まず、「〇〇すべきか、否か」という論題を立てます。

そうしたら、賛成側と反対側に分かれて、それぞれ主張（メリットとデメリット）を出し合います。メリットとデメリットにはそれぞれ3条件があって、それらをすべてクリアしていないと主張は成り立ちません。

主張が出そろったら、つぎに反論を加えていきます。賛成側は反対側のデメリットに対して、反対側は賛成側のメリットに対して、ツッコミを入れていきます。

ここで大事なのは、漠然と反論するのではなく、メリットとデメリットの3条件に対してきちんと反論するということ。細かく分けると、それぞれ6つの方向からの反論が可能になります。

ここまでが2～4時間目の内容になります。

具体的に反論を加えていくときには、5時間目で学んだこと（根拠や推論を攻める、演繹・帰納・因果関係を考える、など）を活用すると、より論理的な反論が可能になるでしょう。

もちろん、賛成・反対両方の主張を組み立てるときにも、5時間目で学んだことを応用しなければなりません。

6時間目で学んだ証拠資料の考え方は、自分の主張を組み立てたり、補強したりするときにも、相手の主張を崩すときにも使えます。

特に、専門外の論題を扱うときは、証拠資料をいかに集めるかがポイントになってきます。たとえば、みなさんが将来の年金について考えるときは、あまり年金問題に詳しくないはずなので、いろいろと資料にあたって、賛成・反対両方の主張を固めていく必要があるでしょう。

場合によっては、年金担当の役人（知人にいれば）や、年金をもらっているお年寄りにインタビューを行うことも考えられます。

「いまの最善解」を導き出すまでの手順

では、実際の判定方法に移っていきましょう。

最初に概略を示します。

ある論題に対する賛成側の主張（メリット）と反対側の主張（デメリット）を整理したら、まずは賛成側の主張について、反論を加えていきます。

内因性、重要性、解決性に対して、反対側の立場からそれぞれ「本当にそうなのか？」とツッコミを入れていくわけですが、それら3つの要素のうち、どの要素がどこまで反論に耐えたかをチェックします。そして、総合的に考えて、そのメリットは有効かどうか（生き残るかどうか）を判断します。

つぎに、反対側の主張についても同様に、反論を加えていきます。

発生過程、深刻性、固有性に対して、賛成側の立場でそれぞれツッコミを入れていき、それら3つの要素のうち、どの要素がどこまで反論に耐えたかをチェックします。そしてやはり総合的に考えて、そのデメリットは有効かどうか（生き残るかどうか）を判断します。

最後に、生き残ったメリットとデメリットとを比較して、メリットがデメリットより大きければ賛成側の主張、デメリットがメリットより大きければ反対側の主張が「正しい」ということが決まります。

これが、判定までの手順です。

もちろん、この「正しい」というのは、この授業で何度もくり返し言っているように、「いまの最善解」であって、「正解」という意味ではありません。

「フローシート」を書いて、議論全体を見渡す

このように概略を説明しても、まったくピンとこないと思うので、具体例を使って見ていきましょう。何度も出てきたAくんに、再び登場してもらいます。

〈賛成側の主張＝メリット〉

Aくんは就活を続けるべきだ！

なぜなら、X社よりも、より良い会社に就職できるから

メリットの3条件

①就活を続けないかぎり、X社より良い会社に就職することはできない（内因性）
②仕事選び、会社選びは人生を左右する重要な問題だ（重要性）
③就活を続ければ、より良い会社にめぐり合うことができる（解決性）

これらの条件に対して反対側は反論を加えていくわけですが、ここで「フローシート」という、議論の展開をまとめる用紙（シート）を準備します。222〜223ページの図をご覧ください。このように、反論の応酬《おうしゅう》を一枚の紙に整理するのです。

まず、メリットの3条件に対して、反対側はそれぞれ反論を行います。シートでは、3

条件の右側（A～Cの部分）に反論を書いていくことになります。

反論が考えられないものについては、空欄のままにします。空欄は、その主張（左側に書かれた主張）は正しいと認める、ということです。

今回の場合、メリットの内因性（就活を続けないかぎり、X社より良い会社に就職することはできない）については賛成側の主張が通ったわけです。これで、争点は他の2つにしぼられていきます。

さて、このようにしてひと通り反論を行ったら、今度は賛成側が「反対側の反論に対して反論」を行います。

これも、それぞれ右側（D～Fの部分）に書いていきます。

一般的なディベートでは、反対・賛成ともに2回ずつ反論を行うのですが、個人の頭の中でディベートを行うときは、反論を何度くり返してもかまいません。

ただ、私からのアドバイスとしては、やはり反論は2回ずつで終わらすのがいいでしょう。でないと、頭を使いすぎて考えるのが嫌になると思うので。

やって3回ずつくらいが適切な分量です。

根拠が反論に耐えたかどうかをチェックしよう

どうでしょう。4時間目に私はまったく同じ例を使って、メリットへの反論を行いましたが（142ページ参照）、それよりもだいぶ深い分析になったと思いませんか？

これが、ディベート思考の大きな利点となります。

漠然と「就活を続けたほうがいいのかな」と悩むより、はるかに論理的な判断が可能になるのです。

ここから先は、「X社よりも、より良い会社に就職できる」という賛成側の主張（メリット）について、3条件がどこまで反論に耐えたかをチェックしていきます。

今回の場合は、以下のように判断することができるでしょう。

内因性：耐えた
重要性：やや減らされたが、耐えた
解決性：耐えた
↓
メリットは生き残った

賛成側の「反論」（1回目）	反対側の「反論」（2回目）	賛成側の「反論」（2回目）
D	G	J
E 会社の良し悪しは相対的なものだとしても、複数の選択肢から選べば、どちらが良いという判断は可能である。現時点では選択肢がひとつしかないので、差がないと思っているだけ	H 現時点でもうひとつ内定をもらっていると仮定し、比較してみたところで、あまり違いが感じられない	K 実際に就活を続けて内定が増えた段階でのリアルな比較に意味があるのであって、仮定で比較して違いがわからないのは当然
F まだ内定をひとつももらっていないような人たちが競合だから、就活を有利に進めることができ、新たな内定も取りやすい	I 内定が出ないで焦っている人たちに勝って入るような就職先が、良い就職先なのだろうか	L 内定の難易度は会社の価値とは関係ない。自分にとってX社より良い就職先に受かる可能性が残されていれば、十分である

フローシートの書き方

	賛成側の「主張」 X社よりも、より良い会社に就職できる	反対側の「反論」（1回目）
内因性	就活を続けないかぎり、X社より良い会社に就職することはできない	A（反論なし）
重要性	仕事選び、会社選びは人生を左右する重要な問題だ	B 就活の段階で会社の良し悪しまではわからないから、ある程度のところに決まれば、ほとんど差はない
解決性	就活を続ければ、より良い会社にめぐり合うことができる	C すでに就活は終盤にさしかかっていて、いまからの内定は激戦でむずかしい

「耐えた」というのは、反対側に反論されなかったか、反論されたとしてもその反論が弱かったかのどちらかになります。

内因性は、反対側からの反論がなかったので、その主張は正しい（＝耐えた）ことになります。ツッコミどころがまったくないので、反対側は反論しようにも反論ができなかったのです。

重要性に対しては、反対側から2回の反論がありました。たしかに反対側の反論には正しいところもありますが、こちらの主張がぜんぶ否定されたわけではなく、質的・量的に少し否定されたくらいだと言えるので、重要性は十分耐えたと言えるでしょう。

解決性は、重要性と同様に反対側から2回の反論がありましたが、賛成側の再反論によって反論に耐えたと言えます。

特に、反対側の2回目の反論はかなり弱く、仮に3回ずつ反論することができるようにしたところで、賛成側の主張をカンペキに潰すような反論を行うことはきびしそうです。

以上のように、2回ずつ（もしくは3回ずつ）反論をくり返していき、すべて出そろったところで3条件が反論に耐えたかどうかをチェックしていくわけですが、もしどれかの条件が反対側によってカンペキに否定されてしまえば、それは「耐えた」ではなく「潰された」ことになります。

3条件のうちひとつでも潰されてしまえば、そのメリット全体が崩れることになります（3条件があってのメリット・デメリットなので）。つまり、生き残ることはできなかったということになるのです。

逆に、今回の「X社よりも、より良い会社に就職できる」のように、多少減らされたとしても、3条件すべてが反論に耐えたのであれば、そのメリットは見事に生き残ったことになります。

生き残ったメリットとデメリットを比較する

残りの賛成側の主張（「就活自体を成長の機会として活用できる」など）と、反対側の主張（「就活を続けることで、さらに多くの時間を消費することになる」「就職先が確定しないことで、精神的に落ち着かない期間が続く」など）についても、同様にフローシートを書きながら、判断していきます。

3条件がすべて反論に耐えたのなら、生き残った。

どれかひとつでもカンペキに反論されてしまえば、生き残らなかった。

このように、どのメリット、デメリットが生き残るかを、ひとつずつ見ていくわけです。

そして最終的に、たとえば「X社よりも、より良い会社に就職できる」というメリットと、「就職先が確定しないことで、精神的に落ち着かない期間が続く」というデメリットがひとつずつ生き残ったとしたら、その2つを天秤《てんびん》にかけて、どちらが重いか（重要か）を判定します。

もしメリットが2つ、デメリットがひとつ生き残ったなら、「メリット×2」と「デメリット×1」の重さを比べることになります。

そうして、メリットのほうが重いということであれば、賛成側の勝ち（就活を続けるべきだ）。逆にデメリットのほうが重いということであれば、反対側の勝ち（就活を続けるべきではない）となるわけです。

どうでしょう。慣れるまではちょっとややこしいのですが、判定までの手順がおわかりいただけたでしょうか？

議論の精度を上げていく

ここで少し補足説明を。

ひとりでディベートを行っていくときは、頭を何度も切り替えて、賛成・反対両方の立場に立って反論を加えていかなければなりません。

まさに一人二役ですね。

フローシートもそういった考えで書いていくわけですが、ディベートの試合ではないので制限時間はないし、内容をいくら書き換えてもまったく問題ありません。

というわけで、**ひとりでフローシートを書くときは、いかに議論を補強・改善していくか、より良いものにしていくかがポイントになってきます。**

つまり、「あれ？　これではすぐに反論されてしまうなあ」と思ったら、スタート地点（もしくはひとつ前の地点）に戻って、考え直していけばいいのです。

そうやって議論の精度を上げていく。もうこれ以上、強くはならないというくらいにまで理論を進化させていく。

これが自然にできるようになると、決断の精度もどんどん上がっていきます。

たとえば、222〜223ページのフローシートでいえば、Eの欄を見てください。

「会社の良《よ》し悪《あ》しは相対的なものだとしても、複数の選択肢から選べば、どちらが良いという判断は可能である。現時点では選択肢がひとつしかないので、差がないと思っているだけ」

以上のような賛成側の反論が書かれていますが、「これだけだと弱い」と思ったら、補強すればいいだけの話です。

たとえば、インタビューを行うことで、新たな情報（証拠資料）を得る。先輩の事例を加えると、こんな感じに反論の精度はぐんと高まります。

「――差がないと思っているだけ。実際、内定を持ちつつ4年生の最後まで就活を続けたC先輩は、私のインタビューに対して、『就活を続けることで選択肢が増え、就活の前半戦では気づかなかった、より良い就職先に出会えた』と答えている」

前述したように、ディベートは準備が8割です。**議論の精度を上げていくために、なるべく時間と手間を使って、漏れがない思考を心がけてください。**

判定は「質×量×確率」で考える

さて、最終的に生き残ったメリットとデメリットを天秤にかけて、どちらが重いか（重要か）を判定すると説明しましたが、このとき、どういう基準で決めていけばいいのでしょうか。

判定の基準はなんなのか？

判定基準は、競技ディベートにおいては実はいろいろとあります。団体によっても違うし、審判によっても違ってきます。それらをすべて説明するときりがないので、いちばん重要なところだけ説明しましょう。

個人で行うディベートの場合、以下の基準に従って判定してください。

ディベート思考の考え方

- 判定は「質×量×確率」で考える

メリット・デメリットの質と量と確率をかけ算して、その重みを判断すればいいのです。

まず「質」というのは、生き残ったそのメリット・デメリットが、質的・価値的に見てどれくらい重要か、ということです。たとえば、命にかかわるような大問題なのか、それとも、お金で済むような問題なのか。時間の問題なのか、気分の問題なのか。

当然、命にかかわる問題は重要度が高くなりますよね。一方、気分の問題であれば、重要度はかなり低くなります。

たとえば「X社よりも、より良い会社に就職できる」というメリットは、命にかかわる問題ではありませんが、一生を左右する問題なので、気分の問題である「就職先が確定しないことで、精神的に落ち着かない期間が続く」というデメリットよりは重要になるでしょう。

「量」というのは、質ではなく量的に見て、そのメリット・デメリットは大きい（多い）のか、はたまた小さい（少ない）のか、ということです。

もし質的に健康にかかわる問題だとしたら、それはどれくらい深刻なのか。死ぬような問題なのか、それとも1週間体調を崩す程度の問題なのか。

お金の問題だとしたら、いくらかかるのか。1万円なのか、100万円なのか。

時間の問題だとしたら、いつまで続くのか。一カ月なのか、一生なのか。

気分の問題だとしたら、どれくらいの精神的ダメージなのか。よくあるレベルなのか、味わったこともないような深刻なレベルなのか。

こういったことを、ちゃんと量的に把握していくことが必要になってきます。

「X社よりも、より良い会社に就職できる」というメリットは、量的に考えると、数年～一生の問題であり、X社に就職することに比べてお金（給料）もだいぶ違ってくるでしょう。

「就職先が確定しないことで、精神的に落ち着かない期間が続く」ことは、たしかに数カ月はストレスを感じることになるので大変ですが、「より良い会社に就職」できたときの満足度に比べて、量的にどうなのか？

このように考えていくと、質だけでなく量においても、メリットのほうが重要だと言えそうですね。

年金は何歳からもらうのが得なのか?

量を考えるときに、ひとつだけ注意してほしいことがあります。

それは、**短期的な量だけでなく、将来を含めた長期的な量も視野に入れて考えるということです。**

短期的なデメリットが長期的なメリットに逆転されることも、短期的なメリットが長期的なデメリットに逆転されることも多々あります。

たとえば、親から「毎月のお小遣いの額を倍にするのと、毎月100円ずつ増やしていくのだと、どっちがいい?」と聞かれたら、みなさんはどちらを選びますか?

もちろん前提条件によって変わってきますが、仮に現在のお小遣いを3000円とするなら、前者は毎月6000円にアップ、後者は3100円、3200円、3300円……と毎月金額が増えていくことになります。

さて、どちらが得なのか?

現在、国民年金の支給開始年齢は65歳ですが、繰り上げて60歳から支給してもらうこともできます。ただし、本来の支給額の70%しかもらえません(その後、生涯その金額です)。

一方、70歳に繰り下げて支給してもらうことも可能です。この場合、本来の支給額の142％の額となります（その後、生涯その金額）。

さて、みなさんにもうじき還暦《かんれき》を迎える親がいるとするなら、親の年金を「繰り上げるべきか、否か」。


年金の場合は計算が可能なので、カンタンに結論が出ます。

234ページの図を見れば明らかです。75歳までに亡くなるとすると、60歳からの繰り上げ支給がいちばん得で、81歳以上生きれば、70歳からの繰り下げ支給がいちばん得だという計算になります。

76歳〜80歳の間に亡くなるとすると、65歳からの通常支給がいちばん得です。

いつ親が死ぬかを考えるなんて不謹慎《ふきんしん》だという声が聞こえてきそうですが、そういった感情論を廃して、論理的にものごとを考えていったほうが、あとで後悔せずに済みます。

初期費用無料をうたう「0円ビジネス」も同様の例ですね。企業側から見れば、短期的には損をしますが、長期的には大きな得をするわけです。

このように、量を考えるときは、短期・長期の視点を忘れないようにしてください。

年金は何歳からもらうのが得なのか？

	60歳からの「年金の繰り上げ」	65歳からの「通常支給」	70歳からの「年金の繰り下げ」
60歳	55万4000円		
61歳	110万8000円		
62歳	166万2000円		
63歳	221万6000円		
64歳	277万0000円		
65歳	332万4000円	79万2000円	
66歳	387万8000円	158万4000円	
67歳	443万2000円	237万6000円	
68歳	498万6000円	316万8000円	
69歳	554万0000円	396万0000円	
70歳	609万4000円	475万2000円	112万5000円
71歳	664万8000円	554万4000円	225万0000円
72歳	720万2000円	633万6000円	337万5000円
73歳	775万6000円	712万8000円	450万0000円
74歳	831万0000円	792万0000円	562万5000円
75歳	886万4000円	871万2000円	675万0000円
76歳	941万8000円	950万4000円	787万5000円
77歳	997万2000円	1029万6000円	900万0000円
78歳	1052万6000円	1108万8000円	1012万5000円
79歳	1108万0000円	1188万0000円	1125万0000円
80歳	1163万4000円	1267万2000円	1237万5000円
81歳	1218万8000円	1346万4000円	1350万0000円
82歳	1274万2000円	1425万6000円	1462万5000円

※基本的な国民年金の場合

「起こる確率」もちゃんと視野に入れる

話を判定基準に戻しましょう。

最後の「確率」ですが、これはメリット・デメリットが起こる確率はどれくらいか、ということです。

まず起こらないことなのか。五分五分で起こることなのか。ほぼ確実に起こることなのか。具体的なパーセンテージまではわからなくても、だいたいどれくらいの確率で起こるかというのは、ある程度、予想できます。

なので、そこをちゃんと考える。

たとえば、「X社よりも、より良い会社に就職できる」のは、五分五分から10パーセントくらいの確率でしょうね。もし0パーセントであるなら、そもそものメリットについて考えるのは時間の無駄だということになります。

一方、「就職先が確定しないことで、精神的に落ち着かない期間が続く」のは、ほぼ100パーセント起こりそうです。

こうやって、メリット・デメリットの「質」「量」「確率」をそれぞれ考えたら、その3つをかけ合わせて、合計によってどちらがより重要かを判定するのです。

漠然と考えるより、たしかな決断ができるようになります。

「原発が大地震で爆発する」というデメリットでいえば、起こる確率はきわめて低いものの、質・量的に問題が深刻なので、かけ合わせてトータルで考えてみると、かなりのデメリットだと言うことができるでしょう。

Aくんの例でいえば、メリットはデメリットより起こる確率がだいぶ低いものの、質的、量的にデメリットをはるかに上回っているので、やはり最終的には「就活を続けるべきだ」と言えそうです。

最後の最後は「主観で決める」

ここで「言えそうです」とあえて断言しないのは、最後は判定する個人の「主観」が入ってくるからです。

当然、判定者によって考え方・価値観に差が出てきます。

たとえば、どうしても「精神的に落ち着かない」ことが嫌なのであれば、「就活をやめる」という決断をしてもいいのです。

「自分の幸福」と「母親の不幸」を天秤にかけなければならなくなった場合、**どちらを重いと考えるかは、その人の生き方・哲学にもかかわってくる問題です。**

「なんだよ。結局、最後は主観で判断するのか」「主観で判断するなんて、ぜんぜん論理的じゃない」と思われるかもしれませんが、そもそも100%客観的で論理的な判断など、人間にはできるはずがありません。

ディベート思考とは、客観を経て、主観で決断する方法です。

最初から主観的にものごとを決めるのではなく、一度、客観的に考えてみてから、最後は主観をもって決める。

そう、最後の最後は、みなさんが自分の頭で考えなければならないのです。

そこまでの筋道はつけてあげることができますが、**価値観や哲学の問題には、自分自身で決着をつけるしかありません。**

どんなメリット、デメリットがあるのか？　それは実際のところ、どれくらいの質と量で、確率的に起こりそうなことなのか、起こりそうにないことなのか？

こうした事実に対する判断や予想は、議論を重ねていくなかである程度、収束《しゅうそく》していきます。ただ、最終的にどのメリット、デメリットを優先するか、重要視するかという「決断」には、何度もくり返すように正解がないのです。

突き放しているように聞こえるかもしれませんが、**なんらかの絶対解や真実を求めようとすることは、「誰かの決めた正解」や、すでに役割を終えた「古い意思決定」に頼ってしまうという、もっとも危険な考え方、そして生き方につながります。**

どういう生き方を望むか――。

ずっと何かに頼っていく生き方を望むのか？

それとも、自分の人生は自分で決めるという、困難ではあるけど自由な生き方を望むのか？

後者を望むのであれば、**ディベートをはじめとする一般教養《リベラルアーツ》は、あなたの大きな武器となるでしょう。**

人間を自由にするのが、学問本来の姿なのです。

自分の人生は、自分で考えて、自分で決めていく

この授業の最後に、私が「人生」というものについて思いをはせるときに、必ず思い起こすひとつの言葉をご紹介したいと思います。

それは、17世紀のフランスの哲学者・パスカルによる、「人間は考える葦《あし》である」という有名な言葉です。

「人間は自然のなかで最弱の一本の葦にすぎない。

しかしそれは、考える葦である。

これを押し潰すのに、自然は何の武器もいらない。風のひと吹き、水のひとしずくで、簡単に潰すことができる。しかし、自然がこれを押し潰すとき、人間は、自然よりも高貴であろう。

なぜなら、人間は、自分が死ぬこと、そして自然の力が人間の力に勝《まさ》っていることをよく知っているからだ。自然はそのことを何も知らない。

だから、**私たち人間の尊さは、「思考」のなかにこそある。**

私たちが拠って立つべき基盤は思考にあって、私たちが満たしきることのできない空間

や時間にあるのではない。

だから、私たちはよく考えるように努力しなければならない。そこに、道徳の本質があるのだ」（瀧本訳）

人間は弱い存在で、簡単に死んでしまうし、自然や社会の力によって簡単に潰されてしまう。それでも人間が尊くあるのだとすれば、それは、おのおのが考える力を持っているからだとパスカルは言います。

私もまったくその通りだと思っています。

パスカルは難病のため、30代で死ぬ運命にありましたが、そんな彼が、何もかも思うようにはならない厳しい人生を生き抜くために拠って立ったこと。それが、「自分で考える」ということでした。

人生は、なかなか自分の思うようにはいきません。

つらいときも、苦しいときもある。

でも、だからといって、人生をあきらめてしまうわけにはいかないでしょう。なかなか実感することはむずかしいですが、人生は一回きりしかないのです。

だとしたら、**どんなに困難な状況、困難な時代にあったとしても、前を向いて歩いていくしかありません。**

そのときに必要となるのが「思考」であり、その思考をもとにした「決断」なのです。

自分の人生は、自分で考えて、自分で決めていく——。

この授業では、ディベートの思考法をベースにいろいろと述べてきましたが、日本の未来を担っていく「次世代」であるみなさんは、このことだけは胸に深く刻んで、明日からの人生を力強く歩んでいってほしいと思っています。

最後のほうは少し駆け足になってしまいましたが、終わりまで聞いていただき、本当にありがとうございました。

またどこかの教室、どこかの授業で、お目にかかりましょう。

★反論に耐えたメリットとデメリットを比較して、決断していこう。
★どちらが重要かは、「質×量×確率」で考えよう。
★自分の人生は、自分で考えて、自分で決めていく！

この授業で手に入れた「武器」

★世の中に「正解」なんてものはない。★正解がわからないから動かないのではなく、「いまの最善解」を導き出して、とにかく行動することが重要だ。★根拠を比較して得た結論を、とりあえずの「答え」にしよう。★前提が間違っていたら修正して、また行動すればいい。それが、さらなる最善解に近づくための「決断思考」だ。★デイベートの手順なんて忘れてもいい。この本を読んで、一つだけ忘れずに心に留めておいてほしいのは、「自分の人生は、自分で考えて、自分で決めていく」ということ。★思考停止だけは避けるべきだ。★決断思考を手に入れたら、明日からの人生を力強く歩んでいってほしい。武器を持った君たちが、未来を作るのだから。

星海社新書1

武器《ぶき》としての決断思考《けつだんしこう》

二〇一一年 九 月二一日 第一刷発行
二〇一二年 三 月 五 日 第八刷発行

著者 瀧本哲史《たきもとてつふみ》

©Tetsufumi Takimoto 2011

発行者 杉原幹之助《すぎはらみきのすけ》・太田克史《おおたかつし》
編集担当 柿内芳文《かきうちよしふみ》

発行所 株式会社星海社
〒一一二-〇〇一三
東京都文京区音羽一-一七-一四 音羽YKビル四階
電話 〇三-六九〇二-一七三〇
FAX 〇三-六九〇二-一七三一
http://www.seikaisha.co.jp/

発売元 株式会社講談社
〒一一二-八〇〇一
東京都文京区音羽二-一二-二一
(販売部)〇三-五三九五-五八一七
(業務部)〇三-五三九五-三六一五

印刷所 凸版印刷株式会社
製本所 株式会社国宝社

ブックデザイン 吉岡秀典《よしおかひでのり》(セプテンバーカウボーイ)
フォントディレクター 紺野慎一《こんのしんいち》
本文図版 橘《たちばな》雅昭《まさあき》(デマンド)
校閲 鷗来堂《おうらいどう》

●落丁本・乱丁本は購入書店名を明記のうえ、講談社業務部あてにお送り下さい。送料負担にてお取り替え致します。なお、この本についてのお問い合わせは、星海社あてにお願い致します。●本書のコピー、スキャン、デジタル化等の無断複製は著作権法上での例外を除き禁じられています。●本書を代行業者等の第三者に依頼してスキャンやデジタル化することはたとえ個人や家庭内の利用でも著作権法違反です。●定価はカバーに表示してあります。

ISBN978-4-06-138501-6
Printed in Japan

1
SEIKAISHA SHINSHO

星海社新書ラインナップ

1 武器としての決断思考　瀧本哲史

「答えがない時代」を生き抜くための決断力

教室から生徒があふれる京都大学の人気授業「瀧本哲史の意思決定論」を新書１冊に凝縮。これからの日本を支えていく若い世代に必要な〝武器としての教養〟シリーズ第１弾。

2 仕事をしたつもり　海老原嗣生

いつも忙しいのに成果が出ない。なぜだ！

どうしてみんな、一生懸命働いているフリをするのか？　時間と労力の無駄なのに、どうしてそれはなくならないのか？「雇用のカリスマ」海老原嗣生が、ビジネスの常識をぶった斬る。

3 世界史をつくった最強の三〇〇人　小前亮

「世界史」はこう教えてほしかった！

歴史小説界の新しい才能・小前亮が、世界史に登場する人物のなかから「こいつが主人公の小説を書きたい！」という基準で324人を選んだ、まったく新しい「世界史の教科書」。

SEIKAISHA SHINSHO

20代・30代――ジセダイのための教養！

http://ji-sedai.jp/

「**ジセダイ**」は、星海社新書がおくる「次世代の、次世代による、次世代のための」ノンフィクション・WEBエンタテインメント！ 本だけにとどまらない、新しい才能との出会いを、読者のみなさんと一緒に作り上げ、盛り上げていきます。

メインコンテンツ

新刊140文字レビュー	他社の新書新刊を編集者、書店員、作家たちが140文字でぶった斬る！
USTREAM講義	星海社「ジセダイ教室」で夜な夜な行われる集中講義をウェブで生中継！
ミリオンセラー新人賞	新書初のノンフィクション新人賞。企画を投稿して100万部を目指せ！
星海社エア新書	星海社新書の未完成原稿や構想中の企画が、ウェブだけで読める！

次世代による次世代のための

武器としての教養
星海社新書

星海社新書は、困難な時代にあっても前向きに自分の人生を切り開いていこうとする次世代の人間に向けて、ここに創刊いたします。本の力を思いきり信じて、みなさんと一緒に新しい時代の新しい価値観を創っていきたい。若い力で、世界を変えていきたいのです。

本には、その力があります。読者であるあなたが、そこから何かを読み取り、それを自らの血肉にすることができれば、一冊の本の存在によって、あなたの人生は一瞬にして変わってしまうでしょう。思考が変われば行動が変わり、行動が変われば生き方が変わります。著者をはじめ、本作りに関わる多くの人の想いがそのまま形となった、文化的遺伝子としての本には、大げさではなく、それだけの力が宿っていると思うのです。

沈下していく地盤の上で、他のみんなと一緒に身動きが取れないまま、大きな穴へと落ちていくのか？　それとも、重力に逆らって立ち上がり、前を向いて最前線で戦っていくことを選ぶのか？

星海社新書の目的は、戦うことを選んだ次世代の仲間たちに「武器としての教養」をくばることです。知的好奇心を満たすだけでなく、自らの力で未来を切り開いていくための〝武器〟としても使える知のかたちを、シリーズとしてまとめていきたいと思います。

2011年9月

星海社新書編集長　柿内芳文

SEIKAISHA
SHINSHO